洛伦佐·德·美第奇
与意大利文艺复兴

［英］塞西莉亚·玛丽·阿迪 —— 著　　吴海霞 —— 译

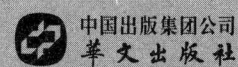

图书在版编目（CIP）数据

洛伦佐·德·美第奇与意大利文艺复兴/(英)塞西莉亚·玛丽·阿迪著；吴海霞译. —北京：华文出版社，2021.1
（华文全球史）
ISBN 978-7-5075-5393-2

Ⅰ.①洛… Ⅱ.①塞… ②吴… Ⅲ.①美第奇(Medici, Lorenzo de 1449-1492)—人物研究 Ⅳ.①K835.657=324

中国版本图书馆CIP数据核字(2020)第233483号

洛伦佐·德·美第奇与意大利文艺复兴

作　　者：	[英]塞西莉亚·玛丽·阿迪
译　　者：	吴海霞
选题策划：	盛世传世
插图供应：	18629596618
责任编辑：	景洋子 魏丹丹
出版发行：	华文出版社
社　　址：	北京市西城区广外大街305号8区2号楼
邮政编码：	100055
网　　址：	http://www.hwcbs.com.cn
电　　话：	总编室010—58336239 发行部010—58336212
经　　销：	新华书店
印　　刷：	三河市燕春印务有限公司
开　　本：	710×1000　1/16
印　　张：	21
字　　数：	278千字
版　　次：	2021年1月第1版
印　　次：	2021年1月第1次印刷
标准书号：	ISBN 978-7-5075-5393-2
定　　价：	88.00元

版权所有　侵权必究

出版前言

随着中国开放的大门越开越大,关注世界各国尤其是西方国家文明的源流、发展和未来已经成为当下世界史研究的一个热点。为了成系统地推出一套强调"史源性"且在现有世界史出版物中具有拾遗补阙价值的作品,我们经过认真论证,推出了"华文全球史"系列,首次出版约一百个品种。

"华文全球史"系列从书目选择到译者的确定,从书稿中图片的采用到人名地名的规范,都有比较严格的遴选规定、编审要求和成稿检查,目的就是要奉献给读者一套具有学术性、权威性和高质量的世界史系列图书。

书目的选择。本系列图书重视世界史学科建设,视角宽阔,层级明晰,数量均衡,有所突出。计划出版的"华文全球史"中,既有通史,也有专题史,还有回忆录,基本上是世界历史著作中的上乘之作,填补了国内同类作品出版的空白。

人名地名规范。本系列图书中人名地名,翻译规范,重视专业性。在人名翻译方面,我们坚持"姓名皆全"的原则,加大考据力度,从而实现了有姓必有名,有名必有姓,方便了读者的使用。在注释方面,书中既有原书注,完整地保留了原著中的注释;也有译者注,体现了译者的研究性成果。

书中的插图。本系列图书的一个重要特点是书中都有功能性插图,这些插图全方位、多层次、宽视角反映当时重大历史事件,或与事件的场景密切相关,涉及政治、军事、经济、社会、外交、人物、地理、民俗、生活等方面的绘画作品与摄影作品。功能性插图与文字结合,赋予文字视觉的艺术,丰富了文字的内涵。

译者的确定。本系列图书的翻译主要凭借的是一个以大学教师为主的翻译团队,团队中不乏知名教授和相关领域的资深人士。他们治学严谨,译笔优美,为确保质量奉献良多。

"华文全球史"系列作为一套具有较高学术价值的优秀的世界历史丛书,对增加读者的知识,开阔读者的视野,具有积极的意义。同时要看到,一方面很多西方历史学家的观点符合事实,另一方面不少西方历史学家的观点是错误的,对于这些,我们希望读者不要不加分析地全盘接受或全盘否定,而是要批判地吸收外国文化中有益的东西。

华文出版社

2019年8月

序言

洛伦佐·德·美第奇和同时代人一样，热爱美与知识，拒绝让道德上的顾虑阻碍政治和个人目标的实现。在他看来，任何符合佛罗伦萨和美第奇家族利益的行为都是正当的……作为一个敌人，他是无情的，但他是一个可以交往的朋友，坚持不懈地为那些他喜欢的人谋求利益，对那些为他服务的人不吝溢美之词……也许洛伦佐·德·美第奇的天赋最能体现在"文明"一词上，不高调傲慢……当洛伦佐·德·美第奇和一个比他年长的公民在一起时，他会小心翼翼地把右手边的上座让给这个公民。洛伦佐·德·美第奇执政期间，佛罗伦萨保持了共和精神和团结。政治、大型贸易、学术和艺术并不是相互独立的，而是一个整体，洛伦佐·德·美第奇影响着这个整体的方方面面。这种环境对有才能和有进取心的人产生的激励作用是不容低估的。共同的理想、直言不讳的批评、激烈的竞争和无限的机遇，成就了伟大的事业。佛罗伦萨历史上最辉煌的时代是洛伦佐·德·美第奇时代。

——选自第14章《洛伦佐·德·美第奇之死》

谨以此书献给
多年来激励我研究意大利文艺复兴的学生

目录

001 **第 1 章**
意大利文艺复兴与洛伦佐·德·美第奇时代同样辉煌而短暂

009 **第 2 章**
美第奇家族的崛起

033 **第 3 章**
洛伦佐·德·美第奇接受的教育

065 **第 4 章**
婚姻与权力的召唤

083 **第 5 章**
美第奇银行

101 **第 6 章**
统治佛罗伦萨(1469—1478)

119 **第 7 章**
外交关系(1469—1478)

137 第 8 章
帕齐阴谋

159 第 9 章
宪法变革

169 第 10 章
意大利和平（1482—1492）

197 第 11 章
洛伦佐·德·美第奇和家庭

215 第 12 章
美第奇家族的"朋友圈子"

241 第 13 章
诗人洛伦佐·德·美第奇

263 第 14 章
洛伦佐·德·美第奇之死

277 第 15 章
佛罗伦萨与意大利文艺复兴

309 **译名对照表**

第1章
意大利文艺复兴与洛伦佐·德·美第奇时代 同样辉煌而短暂

精彩看点

文艺复兴时代——中世纪的意大利——洛伦佐·德·美第奇与文艺复兴

美国历史学家查尔斯·霍默·哈斯金斯曾经说过:"无论我们用什么方式称呼意大利文艺复兴,它的确存在过。"一直都有关于意大利文艺复兴的起源、意义及是否存在的争论,查尔斯·霍默·哈斯金斯的话让人们了解了一些这场争论的本质。19世纪,一些研究意大利文艺复兴的作家对文艺复兴时期的冒险精神感触很深。冒险精神体现在人类活动的每一个领域,例如人对自我力量的信念、对古典文化的热情、对美好事物的热爱、对所处时代历史的兴趣,最重要的是想成名的决心。因此,19世纪,研究意大利文艺复兴的作家把文艺复兴描绘成一个新的时代。在新时代中,人们摆脱了中世纪传统的束缚,人们关注今世的,而不是来世的幸福,功成名就成为人们的追求目标。由此产生了这样一种理念:人们可以更好地从古典知识而不是教会那里学会如何理解、享受和征服世界。在追求成功的过程中,任何形式的道德约束都可以抛开。

这些虽然都是文艺复兴的特点,但不是全部真相。19世纪,很多作家认为文艺复兴时代具有的特征可以追溯到意大利中世纪的文明时期。自古以来,意大利人就声称是古罗马的继承者。11世纪末,意大利城市的居民在努力实现自治的过程中,已经具备了充足的古典知识和一定的法律素养,他们选举执政官,将罗马共和国视为榜样。古典传统没有完全消亡,古典传统在中世纪被慢慢地重新拾起。15世纪,意大利人把古典世界的理想带到艺术、文学、政治和社会生活中，通过学者收集和编辑的文本、考古学家发掘的古代建筑和雕塑，他们终于对古代文明有了清晰的认识。如果说长期以来，意大利人一直尊崇罗马帝国，那么文艺复兴时期的人们则骄傲地认识到中世纪城邦制对艺术的影响，城邦的文明根植于基督教。但丁·阿利吉耶里将佛罗伦萨比喻为"圣乔瓦尼的羊圈"，表达了佛罗伦萨人对自己的守护者——施洗者圣约翰——的爱。在佛罗伦萨，圣约翰节曾经是一年当中最盛大的节日，全城为之欢庆。圣乔瓦尼教堂的照管和维护工作曾经是由佛罗伦萨最古老的贸易行会——洗染行

但丁·阿利吉耶里

15世纪末的佛罗伦萨

会——负责的。13世纪末之前,洗染行会用黑白大理石镶嵌圣乔瓦尼洗礼堂。佛罗伦萨的每个孩子都是在圣乔瓦尼洗礼堂接受洗礼的。佛罗伦萨与其他地方一样,人们用公共或私有财产建造大大小小的教堂,天主教故事为装饰教堂的艺术家提供了素材。城市各大教堂的大斋节神父都是由市政当局选出的。人们去教堂不仅能聆听对自己信仰的教导,还能享受一场演说的盛宴。实际上,文艺复兴时期,有些学者持的是"异教"观点,目的是像古罗马人一样思考、写作和生活。在城邦传统中成长起来的大多数意大利人,一般不会因"异教"而拒绝基督教,而是倾向于寻求一种可以调和古典制度和天主教的方法。

如今看来,中世纪不再是黑暗的。在许多方面,文艺复兴被视为中世纪文明的鼎盛时期,而不是一个新的开端。然而,这只说出了一半的真相。古典文明和天主教的生活方式、思想差异太大,根本无法共处。古典文明和天主教共处只会使局面不稳定,破坏信仰和道德规范的旧有标准。然而,暂时没有任何稳定的东西可以将旧有的标准取而代之。面对摆在面前的众多选择,每个人都有自己的选择,宗教、政治、艺术和文学都是实验领域。"文艺复兴"一词涵盖的领域如此之广,对文艺复兴做出的任何评价都不足以概括其特点。

列奥纳多·达·芬奇

正是由于意大利文艺复兴时期相互冲突的各种因素,洛伦佐·德·美第奇才能成为意大利文艺复兴的代表性人物。虽然在同时代的人中,有比他更杰出的人才。然而,其他人的成就都只在一个有限的领域内。作为艺术家和科学家,若论涉猎领域之广泛,列奥纳多·达·芬奇可谓是典范,但列奥纳多·达·芬奇远离有思想、有活力的政治圈。尼科洛·马基雅维利作为当代的政治阐释者,无人能比,但他创作的诗歌、戏剧、政治学著作《君主论》与《论李维》体现的是对治国之道的专注。洛伦佐·德·美第奇的与众不同在于他可以影响当代生活的方方面面。佛罗伦萨因洛伦佐·德·美第奇的政治才能迎来了黄金时代,当时城邦太平、贸易繁荣、艺术兴盛。洛伦佐·德·美第奇是美第奇银行的负责人，与欧洲各地都有业务往来，他还掌控着佛罗伦萨的商业政策。他高超的外交手段极大地维护了意大利各城邦之间的和平，使佛罗伦萨达到了与其实力不相称的一个位置。洛伦佐·德·美第奇不只是艺术界和文学界的赞助人，他本人也是一位才华横溢的诗人。伏尔泰认为洛伦佐·德·美第奇是开明君主的典范。然而，洛伦佐·德·美第奇不是一位君主，而是一个公民，他从小就被教导要把佛罗伦萨的福祉作为首要考虑的问题。同时，洛伦佐·德·美第奇也是一个柏拉图主义者、天主教教徒、学生、精力充沛的人、市民和乡下人，就像他的祖父科西莫·德·美第奇一样，一说起农事就头头是道，好像就是以种田为生的。

科西莫·德·美第奇

没有人比洛伦佐·德·美第奇更受爱戴,也没有人比他更遭人憎恨。他那个时代及后来的历史学家,一方面把他描写成一个暴君,恶毒、嗜血、自私自利,另一方面又把他刻画成一个爱好和平的人,一个好朋友,一个忠诚的公民。洛伦佐·德·美第奇在四十三岁时去世,他的去世注定了佛罗伦萨美第奇家族的命运。洛伦佐·德·美第奇尽管在短短的一生中取得了诸多成就,然而,他无法决定未来。就在他死后不久,意大利就被一些外国征服者控制,派系斗争和财政混乱削弱了佛罗伦萨的实力,佛罗伦萨在艺术上的地位也被其他文化中心取代。无论洛伦佐·德·美第奇是成功还是失败,这都是他的时代。与意大利文艺复兴一样,佛罗伦萨的洛伦佐·德·美第奇时代辉煌而短暂。

第2章
美第奇家族的崛起

精彩看点

洛伦佐·德·美第奇出生——"肥人"家族——梳毛工起义——科西莫·德·美第奇对佛罗伦萨的统治——科西莫·德·美第奇对佛罗伦萨的贡献

1449年1月1日，洛伦佐·德·美第奇在佛罗伦萨出生。但佛罗伦萨新的一年是从天使报喜节算起的。按照这种算法，洛伦佐·德·美第奇的出生日期是1448年1月1日。当时，洛伦佐·德·美第奇的祖父科西莫·德·美第奇已经确立了在佛罗伦萨共和国的统治地位。科西莫·德·美第奇之所以能够得势掌权，是因为他巧妙地利用了佛罗伦萨的特殊情况。意大利伟大的历史学家弗朗切斯科·圭恰迪尼在描写佛罗伦萨人追求平等的热情和每个家族都想坐上城邦头把交椅的愿望时，就对这些特殊情况做过很好的描述。在佛罗伦萨人眼中，自由代表着最高利益，自由意味着不受其他城邦的支配，也意味着在共和政体下，每一个阶层都有自己的政治责任。佛罗伦萨人追求自由的斗争成功了，对外，他们战胜了威胁佛罗伦萨独立的教皇、皇帝和国外的一些王公；对内，他们击败了一些企图建立专制主义的佛罗伦萨人。

　　当时，意大利北部的大部分城市都落入了专制君主之手，佛罗伦萨仍是一个共和国，这主要归功于一些大商业家族——俗称"肥人"——的存在。这些商业家族把商业利益扩展到了整个文明世界。佛罗伦萨有七大行会，"肥人"成员一般都会加入一个或多个行会。12世纪，洗染行会已经开始崭露头角，起初是作为进口商，后来作为外国布料的剪裁和染色商。14世纪，羊毛行会使羊毛贸易达到了顶峰。尽管在美第奇时期，羊毛行会的发展被丝绸行会掩盖，但羊毛行会仍是佛罗伦萨最大的劳工雇主。无论是在当地的典当业还是在由佛罗伦萨商业网络产生的全球银行业中，金融行会涵盖了所有货币交易活动。金融行会聘请律师起草贸易合同，保护国内外商人的利益。医药香料行会成员包括医生和东方染料、药物、香料和其他产品的供应商。皮革商从事皮革生意，佛罗伦萨人至今仍保留着古老的皮革技艺。行会不是严格地局限于自己的领域，无论什么生意，只要有利可图，它们都会做。佛罗伦萨人凭借自己的主动性、智慧和艺术天赋，在没有任何特殊地理位置和气候优势的情况下，建立了一个庞大的商业和产业体系。佛罗伦萨人从英格兰和西班牙运来羊毛，从东方运来染料，从伦巴第运来纺丝，再加上高超的制作工艺和高度组织化的银行系统，使他们能够在许多国家销售佛罗伦萨布料和丝绸。

如果"肥人"团结在一起，本可以将自己的意愿强加给佛罗伦萨，但他们纷争不断。商业竞争、家庭纠纷、政治问题是导致不团结的长期原因之一。当"肥人"队伍出现分裂时，佛罗伦萨的其他阶级就会迅速利用这一机会。为佛罗伦萨人提供日用品的屠夫、面包师、鞋匠和其他商人组成了十四个小行会。这些小行会在佛罗伦萨共和国的执政团中有自己的代表，但执政团的大多数位置属于大行会。"瘦人①"的目标始终是增加本阶级执政团的人数。在社会地位上，贵族与"肥人"没有什么区别，但他们被排除在执政团之外。贵族在城里拥有房产，很多贵族还持有商业股份，和商人一样，贵族都有自己的土地。贵族的政治权利只局限于有参加市议会的资格，市议会是由佛罗伦萨市四个区的代表共同组成的，佛罗伦萨的立法机构是平民议会，成员仅限于行会会员。只有经过市议会和平民议会的同意，执政团提出的措施才能成为法律。市议会和平民议会两个议会的成员可以投票，但不能发言反对任何措施。贵族在政治活动中占的份额如此之少，必定心怀怨恨。商人之间的内讧通常是以敌对派系的形式出现的，通过声援贵族的不满来获取贵族或生意人的支持。除了贵族、商

---

① 瘦人，指庶民。——译者注

人和平民三个阶级，还有工匠。当大钟敲响，全体公民都被召集到位于佛罗伦萨领主广场的议会地点，这些工匠的政治权利仅限于高呼同意修改宪法。对工匠来说，任何妨碍他们雇主的骚乱都是求之不得的。

14世纪后期，佛罗伦萨爆发了一场叫"梳毛工起义"的民主革命，大小行会中都有起义的支持者。这场起义为工人暂时赢得了结社权，成立了两个由织工和染工组成的新行会，这两个行会的会员有资格参加执政团选举。但政府以单一阶级的利益为导向，无法调停雇员与雇主的关系。后来，因为贸易的严重衰退，梳毛工起义被镇压，"肥人"集团获胜。从此以后，"肥人"让自己人当中的一个家族来执政，以此方式来维持内部的团结。在最初的羊毛商家族成员马索·德利·阿尔比齐和后来的里纳尔多·德利·阿尔比齐的领导下，佛罗伦萨在

里纳尔多·德利·阿尔比齐

第 2 章 美第奇家族的崛起

许多领域取得了进步。佛罗伦萨共和国是抵抗米兰公爵吉安·加莱亚佐·维斯孔蒂企图在意大利称雄的中坚力量。阿雷佐、比萨和里窝那都加入了佛罗伦萨的版图。城邦贸易繁荣，学术和艺术活动也有了显著的发展。1417年，马索·德利·阿尔比齐去世后，统治阶级之间的和谐及对政府的控制开始衰退。里纳尔多·德利·阿尔比齐缺乏维持权威必需的素质，反叛者则得到了一位富有银行家乔瓦尼·迪·比奇·德·美第奇的支持。

与但丁·阿利吉耶里同时代的佛罗伦萨编年史家迪诺·坎帕尼提到了美第奇家族，1301年，他就将美第奇家族描述为"有权势的公民"与"黑党"的成

米兰公爵吉安·加莱亚佐·维斯孔蒂

美第奇家族纹章

员,在街头斗殴中攻击和伤害"白党"的人。14世纪,美第奇家族成员不止一次被选为佛罗伦萨共和国的首脑,也就是"正义旗手","执政官"中也有美第奇家族成员,而执政团正是由正义旗手和执政官构成的。正义旗手和执政官的任期都是两个月,所以差别并不像表面看起来那么大。萨尔维斯特罗·德·美第奇因支持梳毛工起义而名声大噪,乔瓦尼·迪·比奇·德·美第奇是萨尔维斯特罗·德·美第奇的一个堂弟,他也赢得了民众爱戴。乔瓦尼·迪·比奇·德·美第奇的直系祖先在佛罗伦萨以东穆杰罗山区的卡法吉奥罗有一个农场,长期以来,这是美第奇家族的乡间住所。乔瓦尼·迪·比奇·德·美第奇从经营小本生意起家,逐渐积累了一笔财富,1429年,他去世时已经成为意大利最富有的人之一。他捐建了佛罗伦萨孤儿院,为圣洛伦佐大教堂的建造做出了贡献,后来圣洛伦佐教堂成为美第奇家族的礼拜堂。在佛罗伦萨,几乎没有什么慈善事业不是得益于乔瓦尼·迪·比奇·德·美第奇的慷慨。他参与公共事务,曾在大使馆任职,被选入执政团。乔瓦尼·迪·比奇·德·美第奇成了一个得到小行会支持的政党发言人,反对阿尔比齐家族将权力局限在自己狭小圈子内的政策。执政党努力争取乔瓦尼·迪·比奇·德·美第奇,但他不参与政治,致力于自己的银行事业。

乔瓦尼·迪·比奇·德·美第奇

维奇奥宫

乔瓦尼·迪·比奇·德·美第奇去世后,他的儿子科西莫·德·美第奇自称为政府首席顾问。不久之后,佛罗伦萨与卢卡战争的失败敲响了阿尔比齐家族霸权的丧钟。里纳尔多·德利·阿尔比齐把科西莫·德·美第奇传唤到维奇奥宫,试图让科西莫·德·美第奇成为替罪羊,科西莫·德·美第奇被指控犯有各种罪行。里纳尔多·德利·阿尔比齐指责科西莫·德·美第奇和美第奇家族成员是佛罗伦萨共和国的敌人,说他们曾多次试图争取权力,在佛罗伦萨与卢卡的战争中推波助澜，给佛罗伦萨带来了耻辱。实际上，科西莫·德·美第奇对发动这场战争是否是明智的曾表示过怀疑，很多人都有挑起战争的责任。然而，心怀不满的当政者是为了找一个替罪羊，所以科西莫·德·美第奇的任何解释都于事无补。科西莫·德·美第奇被关进了监狱，对处决他还是流放他，执政团内部争论不休。最后，温和派占了上风，科西莫·德·美第奇被流放到帕多瓦，为期十年。科西莫·德·美第奇的敌人认为他不仅会在政治上失势，还会因无法处理佛罗伦萨的生意而破产。这时候，科西莫·德·美第奇的银行关系帮了他的忙。帕多瓦位于威尼斯境内，与威尼斯关系密切。通过威尼斯政府的

威尼斯

协调，科西莫·德·美第奇的流放地从帕多瓦转移到了威尼斯，他在那里被当作贵宾并能继续工作。与此同时，佛罗伦萨反对里纳尔多·德利·阿尔比齐的呼声越来越高。科西莫·德·美第奇在流放一年后被新当选的执政团请回来了。1434年10月，科西莫·德·美第奇在同胞的欢呼声中回到了佛罗伦萨。从那时起，直到1464年去世，除了缺一个名号，科西莫·德·美第奇是佛罗伦萨真正的统治者。

科西莫·德·美第奇对佛罗伦萨的绝对统治权得到了同胞认可。在统治期间，科西莫·德·美第奇三次被选为正义旗手，任期通常为两个月。因此，在

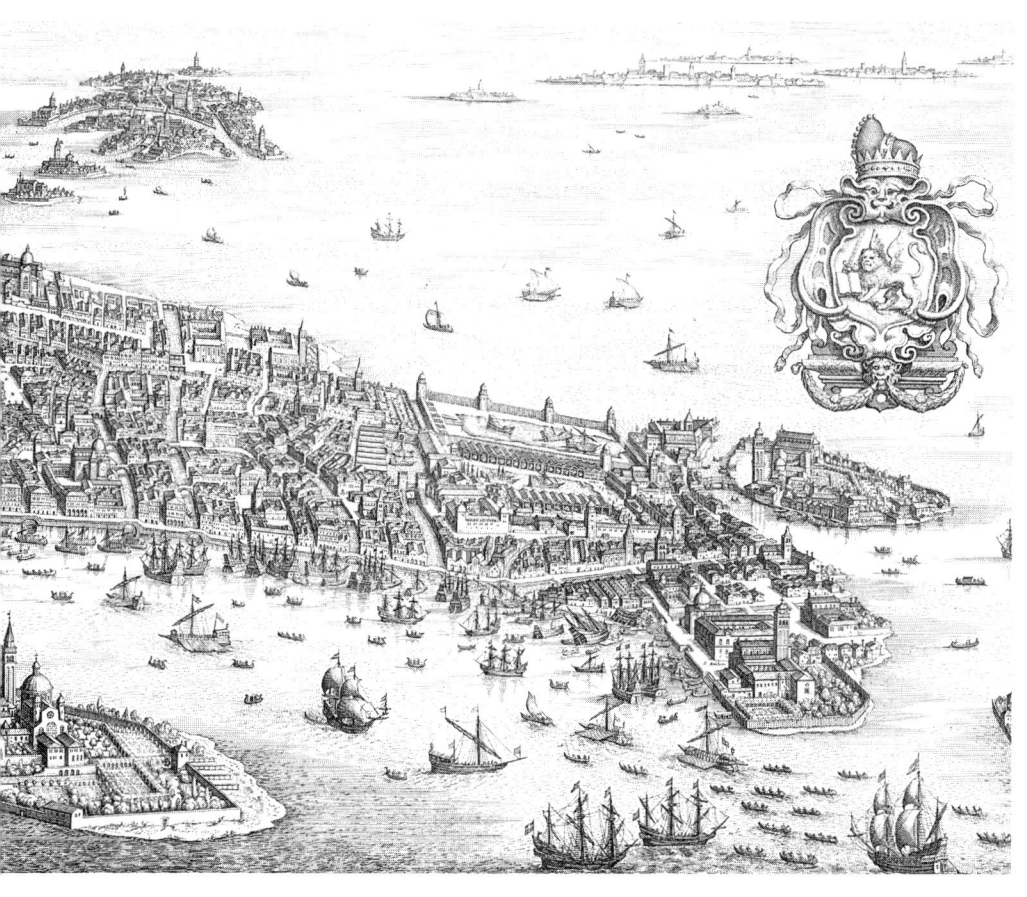

三十年的时间里，科西莫·德·美第奇仅仅当了六个月的共和国行政首脑。科西莫·德·美第奇自始至终都在让佛罗伦萨人相信他的领导会给这个城市带来最大的利益。一方面，科西莫·德·美第奇必须维持一个强大而团结的政府；另一方面，他必须保持一个完整的共和政体。里纳尔多·德利·阿尔比齐在流放中死去，未能熬过这项苦差。科西莫·德·美第奇比里纳尔多·德利·阿尔比齐聪明，也不像里纳尔多·德利·阿尔比齐那样谨小慎微，科西莫·德·美第奇保持并加强了自己的权力。最高权力属于执政团，执政团是从有资格任职的人中通过抽签的方式选出的，正义旗手还有六名执政官是大行会会员，其余两名执政官是较小行会的成员。科西莫·德·美第奇通过每两个月选举产生的最高执政官——正义旗手——来控制佛罗伦萨，因为正义旗手是由他朋友担任的。达到此目的的一个办法是利用定期修改选举袋①的机会来排除不可靠的候选人。执政团的选举被一套复杂的任职资格和取消资格的规定限制。有人可能因没有纳税或被指控犯有政治罪而被拒绝，有人可能因太年轻而不符合资格，有人会因自己或近亲最近刚就职而被拒绝。所有这些都是负责修订工作的美第奇委员会手中的武器。

在紧急情况下，经过议会同意，可以暂停选举，设立一个"巴利亚②"。巴利亚有权在一定时期内提名执政团成员。这种方法不像操纵选举袋那么笨拙，紧急情况一结束，又会找到种种借口创建一个新的巴利亚。1459年，科西莫·德·美第奇的反对者暂时恢复了抽签选举制度，但随之而来的是由美第奇家族支持者组成的"百人委员会"的建立。在立法上，百人委员会优先于较老的委员会，任命了一个委员会负责提名执政团成员。从那时起，直到美第奇家族垮台，很少有人听说过抽签选举。然而，要使执政团持续屈从于抽签选举制度的意志，就需要在佛罗伦萨有一大批支持者，然后从支持者中选举执政团

---

① 通过定期修改选举袋，科西莫·德·美第奇可以确保选举袋中候选人为自己的朋友，从而达到对政府的控制。——译者注

② 巴利亚，指临时委员会。——译者注

成员。赢得和保持在各阶层的支配地位是抽签选举制度成功的基础。商人们从与美第奇银行的合作中获得了商业上的优势，"肥人"通过把某些家族从小行会提升到大行会获得了新朋友。科西莫·德·美第奇的反对者被流放或被税收摧毁。科西莫·德·美第奇的政策是避免流血事件和公开攻击知名公民。例如，1440年，科西莫·德·美第奇的老朋友内里·卡波尼在佛罗伦萨战胜米兰人的安吉亚里战役中表现突出，但内里·卡波尼保持了自己的独立性。直到生命的最后，他都是佛罗伦萨深受爱戴和有影响力的人物。安吉亚里战役还有一位英雄，雇佣兵将领巴尔奇·德安吉亚里，被以叛国罪传唤到维奇奥宫，然后被人从窗户扔出去死掉了。这一异常的暴力行为也许是对内里·卡波尼的警告，提醒他要从巴尔奇·德安吉亚里的命运中认识到失去科西莫·德·美第奇信任的危险。科西莫·德·美第奇为佛罗伦萨做出的贡献体现在他打破了派系之间的壁垒，为这座城市带来了前所未有的和平与繁荣。

安吉亚里战役

更重要的是，科西莫·德·美第奇为外交政策指明了新方向。因此，佛罗伦萨提高了在意大利其他城邦的声望。15世纪上半叶，意大利主要列强一直处于战争状态。那不勒斯、阿拉贡国王阿方索五世即位之前，发生了一场旷日持久的战争。西方教会大分裂结束后，从罗马教皇马丁五世返回罗马开始，罗马教廷就决心重振在教会国家的权威，与强大的罗马贵族和夺取了罗马涅权力的地方领主斗争。威尼斯和佛罗伦萨一起对抗米兰的菲利波·马里亚·维斯孔蒂。菲利波·马里亚·维斯孔蒂在重建父亲吉安·加莱亚佐·维斯孔蒂的领地时

教皇马丁五世

菲利波·马里亚·维斯孔蒂

威胁要成为伦巴第的主人。1447年，菲利波·马里亚·维斯孔蒂去世时，威尼斯的边界已经被推进到包括布雷西亚和贝加莫在内的西部城市，威尼斯军队距离米兰只有几步之遥。在佛罗伦萨人看来，他们在与威尼斯人的共同努力中几乎一无所获，大部分好处都被威尼斯人拿走了，现在威尼斯人对佛罗伦萨自由的威胁比米兰更大。

在战争期间，科西莫·德·美第奇与伟大的雇佣军首领弗朗切斯科·斯福尔扎①成了朋友，当时弗朗切斯科·斯福尔扎正在为威尼斯效力。现在，弗朗切

---

① 后来的米兰公爵弗朗切斯科·斯福尔扎。——译者注

比安卡·玛丽亚·维斯孔蒂

斯科·斯福尔扎以与菲利波·马里亚·维斯孔蒂的女儿比安卡·玛丽亚·维斯孔蒂结婚为由，夺取了米兰公爵领地。科西莫·德·美第奇决定帮助弗朗切斯科·斯福尔扎保住王位。科西莫·德·美第奇认可弗朗切斯科·斯福尔扎作为军人和政治家的能力。科西莫·德·美第奇相信如果自己控制了米兰，就能阻止威尼斯占领伦巴第平原，也能守住阿尔卑斯山脉的关口，抵御外国侵略。弗朗切斯科·斯福尔扎打了三年仗，先是为米兰建立的安布罗斯共和国效力，然后站在威尼斯一边,后来又得到了佛罗伦萨的外交和财政支持,借以对抗米兰和威尼斯的联合势力。佛罗伦萨人对抛弃友好的威尼斯共和国而为一个可能成为暴君的人的事业花费金钱是有怨言的,但科西莫·德·美第奇的意志占了上风。弗朗切斯科·斯福尔扎被宣布成为米兰公爵后,佛罗伦萨和米兰正式结盟。佛罗伦萨军队参加了对威尼斯和那不勒斯的战争,这场战争一直持续到1454年在洛迪签署和平协议。弗朗切斯科·斯福尔扎现在被意大利列强承认

弗朗切斯科·斯福尔扎

为米兰公爵。经过七年的战争,威尼斯只得到了一个城市。签订和平协议之后,一个由所有意大利主要城邦国家组成的联盟成立了,其目的有二,一是防止其成员攻击邻邦,二是组成一个反对外国侵略的统一阵线。1453年,土耳其人占领了君士坦丁堡,凸显了国内团结的必要性,所以当时是形成联盟的有利时机。但科西莫·德·美第奇和弗朗切斯科·斯福尔扎之间的合作是促成1455年意大利联盟的主要因素。

土耳其人进入君士坦丁堡城门,占领君士坦丁堡

阿方索五世

　　为了使佛罗伦萨人适应新的联盟制度，科西莫·德·美第奇运用了一切能用的手段。佛罗伦萨与法兰西王国的古老友谊因牢固的商业关系而得到巩固，佛罗伦萨还曾支持法兰西王国的安茹王朝对那不勒斯的权力主张。现在，阿方索五世是佛罗伦萨人的盟友，佛罗伦萨人承诺拒绝帮助他的安茹对手。然而，法兰西入侵的危险是真实存在的，对米兰和那不勒斯都形成了威胁。奥尔良公爵查理一世是瓦伦丁娜·维斯孔蒂的儿子，是米兰公国的合法继承人。法兰西的君主牵扯进意大利的内部争端容易对意大利的独立造成威胁。对军事力量薄弱、依赖商业的佛罗伦萨来说，和平最重要。因此，意大利城邦之间的

奥尔良公爵查理一世

瓦伦丁娜·维斯孔蒂

友好政策既符合佛罗伦萨的自身利益,也符合意大利的利益。佛罗伦萨与法兰西王国的联盟没有被破坏,但从此以后,米兰与佛罗伦萨之间的友好关系在一定程度上阻止了法兰西对意大利的企图。美第奇家族认可意大利联盟的维护和激励作用。后来,不管是遭遇挫折也好,获得成功也好,只要美第奇家族还拥有统治权,都一直维护联盟。洛伦佐·德·美第奇有责任继续和发展祖父科西莫·德·美第奇制定的外交政策。

科西莫·德·美第奇和父亲乔瓦尼·迪·比奇·德·美第奇一样,出手阔绰,慷慨大方。科西莫·德·美第奇把大笔钱花在慈善事业上,大宴宾客。他把自己的私人财产捐给公共财政,建造教堂和修道院,资助艺术,他也爱好学问。佛罗伦萨的第一个国家图书馆,是由米开罗佐建造的,用来存放人文主义

米开罗佐

圣马可修道院

者尼科洛·德·尼科利遗赠给科西莫·德·美第奇的书籍，这是科西莫·德·美第奇仁慈和品位的见证。科西莫·德·美第奇对佛罗伦萨学术的最大贡献是他在推进柏拉图研究方面起到的作用。科西莫·德·美第奇既是一位头脑冷静的商人，也是一个神秘主义者，在繁忙的生活中偶尔会隐居到在圣马可修道院的私人小屋去"修炼自己的灵魂"。柏拉图主义为科西莫·德·美第奇的疑问提供了答案，马尔西利奥·费奇诺在科西莫·德·美第奇的资助下接受了培训，成为科西莫·德·美第奇在佛罗伦萨新柏拉图学院的院长。"快来吧，"科西莫·德·美第奇在弥留之际写信给马尔西利奥·费奇诺："把柏拉图的书《至善》带来……我迫切地想知道通往幸福的最佳道路是什么。"科西莫·德·美第奇死后，马尔西利奥·费奇诺给自己年轻的学生洛伦佐·德·美第奇写了一封信,颂扬科西莫·德·美第奇的美德。马尔西利奥·费奇诺说科西莫·德·美第奇对上帝虔诚,对人公正,在工作上勤勤恳恳,一丝不苟,在共和国事务上更是如此。科西莫·德·美第奇善于辩论,治理有方,英明有力。就像迈达斯贪图黄金一样,科西莫·德·美第奇贪图时间,每天都精确地数着时间,终其一生都在研究哲学。"你,我的洛伦佐,"信的结尾写道,"就像你已经开始做的那样,继续按照科西莫的思想塑造自己吧。"在科西莫·德·美第奇晚年,佛罗伦萨人越来越相信他的判断,因为他的政策经常被证明是正确的。在科西莫·德·美第奇向佛罗伦萨提供的帮助中,人们忘记了他在扫除障碍时表现出的冷酷无情和毫无顾忌。科西莫·德·美第奇死后,心存感激的佛罗伦萨共和国下令在他的墓上刻上了"国父"二字。

第3章

洛伦佐·德·美第奇接受的教育

精彩看点

美第奇宫——美第奇家族——具有艺术天分的洛伦佐·德·美第奇——学习公共事务的洛伦佐·德·美第奇——科西莫·德·美第奇去世——佛罗伦萨的动乱——美第奇家族重新掌权

洛伦佐·德·美第奇出生时，米开罗佐为他祖父科西莫·德·美第奇在拉尔加街建造的宅邸已经接近完工，洛伦佐·德·美第奇早年就是在这里度过的。当时，科西莫·德·美第奇拒绝了菲利波·布鲁内莱斯基提交的计划，而是

菲利波·布鲁内莱斯基

第 3 章 洛伦佐·德·美第奇接受的教育

支持米开罗佐的简单设计，因为菲利波·布鲁内莱斯基设计的房子对一个普通市民来说太过招风了。然而，美第奇宫是一座宏伟的建筑，有庭院和花园及通向一楼主厅的宽阔楼梯，该宅邸足够宽敞，可以容纳三代人。

正是在这样一个大而团结的家庭圈子里，洛伦佐·德·美第奇上了人生艺术的第一堂课。皮耶罗·迪·科西莫·德·美第奇的绰号是"痛风者皮耶罗"，他是科西莫·德·美第奇两个儿子中的老大，是洛伦佐·德·美第奇的父亲。从绰号"痛风者皮耶罗"可以看出，他深受痛风这种家族疾病的折磨，被迫过着

皮耶罗·迪·科西莫·德·美第奇

乔瓦尼·迪·科西莫·德·美第奇

一种半残废的生活。他的主要乐趣是将手稿、珠宝、浮雕、花瓶和其他古董加以分类和收藏,这些都成为美第奇宫的珍贵藏品。皮耶罗·迪·科西莫·德·美第奇是一位慈爱又不失严厉的父亲,在洛伦佐·德·美第奇面前恪守自己的崇高职责,竭力确保自己的继承人不被宠坏。皮耶罗·迪·科西莫·德·美第奇的弟弟乔瓦尼·迪·科西莫·德·美第奇是那个时代最有魅力的人物之一。乔瓦尼·迪·科西莫·德·美第奇长相英俊,天资聪慧,待人友善,热心投身于佛罗伦萨生活的方方面面,有许多忠实的朋友。1459年,乔瓦尼·迪·科西莫·德·美第奇的儿子科西米诺·德·美第奇去世。1463年,乔瓦尼·迪·科西莫·德·美第奇去世,这给科西莫·德·美第奇人生的最后日子蒙上了一层阴影。

对孩童时期的洛伦佐·德·美第奇来说，家庭中最重要的成员是祖母孔泰西纳·德·巴尔迪和母亲卢克雷齐娅·托尔纳博尼。她们都来自富商之家，除此之外，她们还代表了两种不同类型的佛罗伦萨女性。孔泰西纳·德·巴尔迪是一个完完全全的家庭主妇。她最关心的是丈夫、自己孩子和孙子们的健康，以及他们衣柜的状况。在美第奇农场里，她做油和奶酪，漂白亚麻布，把家里的床上用品从一个别墅搬到另一个别墅。这些是孔泰西纳·德·巴尔迪写的信提及的主要内容。卢克雷齐娅·托尔纳博尼属于新一代的女性，她关注的不仅

孔泰西纳·德·巴尔迪

卢克雷齐娅·托尔纳博尼

仅是家庭,她还是学者们的朋友和赞助人,她自己也是位诗人。托尔纳博尼家族在商业和政治上都与美第奇家族有着密切的联系,而卢克雷齐娅·托尔纳博尼在政治和商业方面也发挥着自己的影响,甚至开始了自己的生意,她在佛罗伦萨购买了莫尔巴硫黄泉,然后把莫尔巴硫黄泉变成了一个繁荣的疗养胜地。卢克雷齐娅·托尔纳博尼的聪明才智和文学品位,尤其是至深的虔诚都对洛伦佐·德·美第奇的人生产生了深远的影响。母亲卢克雷齐娅·托尔纳博尼在1482年去世之前,一直是洛伦佐·德·美第奇心目中的"给我减轻了许多负担

朱利亚诺·德·美第奇

的顾问"。洛伦佐·德·美第奇唯一的弟弟朱利亚诺·德·美第奇比他小四岁，他们还有三个姐姐。当贝诺佐·戈佐利把三个骑在马背上，头上戴着一根高羽毛的漂亮女孩画入美第奇家族礼拜堂的壁画《麦琪之旅》中时，这三姐妹的形象可能一直在贝诺佐·戈佐利的脑海中。

老皮耶尔弗朗切斯科是科西莫·德·美第奇唯一的弟弟老洛伦佐的儿子，他住在拉尔加街附近的一所房子里。乔瓦尼·迪·比奇·德·美第奇没有留下遗嘱,于是他的全部家产直接传给了自己的两个儿子科西莫·德·美第奇和老洛伦佐,这是家庭团结的典型表现。老洛伦佐曾与科西莫·德·美第奇一起被流放,对他忠心耿耿。因此,在老洛伦佐的有生之年,在他儿子老皮耶尔弗朗切斯科还未成年的时候,这个家族的两个分支就像一个整体一样,团结一致。然而,老皮耶尔弗朗切斯科成年后,他们根据公民代表的裁决划分了财产。从那时起,洛伦佐·德·美第奇和老皮耶尔弗朗切斯科之间的关系就不再那么和睦了。后来,洛伦佐·德·美第奇在自己的《记录》一书中十分痛苦地写道,老皮耶尔弗朗切斯科占到了最大的便宜,因为他分到了更多贵重的东西,他拥有美第奇家族生意中三分之一的份额,占的份额不受家族任何开支的影响。尽管依

老皮耶尔弗朗切斯科

洛伦佐·迪·皮耶尔弗朗切斯科·德·美第奇

然存在敌对情绪，但卡法吉奥罗庄园的祖传遗产仍然是整个家族的财产，平时由老皮耶尔弗朗切斯科的两个儿子洛伦佐·迪·皮耶尔弗朗切斯科·德·美第奇和平民乔瓦尼共同居住。

洛伦佐·德·美第奇从五岁时开始接受教育，第一位老师是真蒂莱·德·贝基。卢克雷齐娅·托尔纳博尼在写给丈夫皮耶罗·迪·科西莫·德·美第奇的一封信中描述了九岁的儿子洛伦佐·德·美第奇正忙着学习老师教给他的诗句，并把诗句教给弟弟朱利亚诺·德·美第奇。1461年，皮耶罗·迪·科西莫·德·美第奇有一段时间不在家，真蒂莱·德·贝基写信向他汇报洛伦佐·德·美第奇的情况,说:"奥维德的作品学得很好,读了四本查士丁的书。""不光喜欢学习。他事事听话,现在你不在家,他唯恐犯错,所以更加勤奋了。"从这句话中可以看出洛伦佐·德·美第奇不是一个书呆子。1456年,佛罗伦萨大学聘请约翰·阿尔吉罗波洛斯为希腊语讲师,为研究希腊注入了新的动力。据说,约翰·阿尔吉罗波洛斯教授的年轻人可以讲非常流利的希腊语,让人感觉佛罗伦萨就是雅典。随着年龄的增长,洛伦佐·德·美第奇也成了约翰·阿尔吉罗波洛斯热情学生中的一员。还有两位杰出人物对洛伦佐·德·美第奇的教育有着重要的影响,一位是当时最著名的拉丁学者克里斯托福罗·兰迪诺,另一位是

约翰·阿尔吉罗波洛斯

柏拉图主义者马尔西利奥·费奇诺。这两位大师都是各自领域内的顶尖人物，但他们不鄙视俗语，鼓励学生学习意大利诗歌。两人都对但丁·阿利吉耶里怀有深切的仰慕之情。克里斯托福罗·兰迪诺写了一篇关于《神曲》的评论。马尔西利奥·费奇诺应洛伦佐·德·美第奇的要求将拉丁文的《君主国》译成了意大利语。同时，洛伦佐·德·美第奇自己的诗歌也得益于克里斯托福罗·兰迪诺的格言，即一个人要想写出好的意大利语，必须是拉丁语学者。

人文主义教育把学习古典主义视为发展整体人格、身体、思想和精神体系的基础。因此，对洛伦佐·德·美第奇的教育并不局限于希腊语和拉丁语。洛伦佐·德·美第奇的一天是从和老师一起听弥撒曲开始的。按照母亲卢克雷齐

克里斯托福罗·兰迪诺

娅·托尔纳博尼的意愿,他经常被带去参加圣保罗兄弟会的会议。圣保罗兄弟会是一个为共同祈祷、做礼拜及促进成员行善而成立的协会。洛伦佐·德·美第奇学会了用竖琴伴奏来歌唱,这是一种音乐形式,由于它为个人表达提供了机会,因而被时代认可。大教堂的手风琴师安东尼奥·斯夸尔恰卢皮热情地谈论洛伦佐·德·美第奇的音乐天赋,马尔西利奥·费奇诺形容洛伦佐·德·美第奇唱圣歌时仿佛受到了神的愤怒的驱使。对一个聪明的孩子来说,生活在15世纪中叶的佛罗伦萨本身就是一种艺术教育。1296年,阿诺尔福·迪·坎比奥开始建造大教堂,菲利波·布鲁内莱斯基后来加上了拱顶,在科西莫·德·美第奇

阿诺尔福·迪·坎比奥

流亡归来那一年建造完成。佛罗伦萨雕塑的发展史可追溯至乔托在乔托钟楼上的作品、安德烈亚·皮萨诺雕刻的圣约翰洗礼堂的第一组门、洛伦佐·吉贝尔蒂雕刻的两扇门①和多纳泰洛装饰城市公共和私人建筑的雕塑作品。马萨乔在卡尔米内圣母大教堂的壁画为佛罗伦萨注入了新动力,其影响力可与一个世纪前乔托·迪·邦多纳的作品媲美。圣马可修道院的墙上挂满了弗拉·安吉利科的宗教艺术杰作。年轻的洛伦佐·德·美第奇几乎可以看到佛罗伦萨所有最好的艺术作品。在家里,他可以看到贝诺佐·戈佐利在家族礼拜堂工作,听到赞助人和艺术家们谈论佛罗伦萨城正在做或正在考虑的事。

洛伦佐·吉贝尔蒂

---

① 是指佛罗伦萨圣若望洗礼堂的正门,因美丽而被称为"天堂之门"。——译者注

骑在马上的洛伦佐·德·美第奇

从外表上看,洛伦佐·德·美第奇又高又黑,脸色灰黄,五官不端正。他的鼻孔扁平,嗅觉也因此丧失。他过去常说丧失了嗅觉有它的好处,因为大多数气味都很难闻。他长得很丑,但同时很威严,体力强壮。他擅长骑马,喜欢带鹰行猎。洛伦佐·德·美第奇的许多童年时光要么是在卡法吉奥罗度过的,要么是在卡雷吉度过的。卡雷吉位于佛罗伦萨郊区,是由米开罗佐为科西莫·德·美第奇重建的一座别墅。每逢假日,全家人都会搬到其中的一个乡间别墅,其他时候孩子们由家庭教师带着去这些别墅。皮耶罗·迪·科西莫·德·美第奇的代理人在写给他的一封信中提到了卡法吉奥罗的生活,讲述了洛伦佐·德·美第奇和朱利亚诺·德·美第奇与祖母孔泰西纳·德·巴尔迪一起度过的一些日子。星期天,洛伦佐·德·美第奇和朱利亚诺·德·美第奇骑着马,祖母孔泰西纳·德·巴尔迪则骑着洛伦佐·德·美第奇的一头骡子,三个人一起到临近的修道院做弥撒。信中写道:"孩子们都很快乐,他们出去鹰猎,及时返回,使家里和村庄都充满了生机。"在美第奇别墅的逗留、对乡村生活的熟悉和对自然的热爱使洛伦佐·德·美第奇的诗歌与众不同。

佛罗伦萨的美第奇宫的生活水平符合平民家庭的简单生活方式。然而,来到佛罗伦萨的客人会受到盛情款待,主人会根据年龄和能力的大小帮助仆人。1459年,当米兰公国的继承人加莱亚佐·马里亚·斯福尔扎在卡雷吉做客时,

加莱亚佐·马里亚·斯福尔扎

那不勒斯国王斐迪南一世

他注意到科西莫·德·美第奇的次子乔瓦尼·迪·科西莫·德·美第奇没有坐下来吃晚饭,因为他正忙着做宴会的管家。所有人,包括十岁的洛伦佐·德·美第奇,都在协助准备工作。晚饭后,卢克雷齐娅·托尔纳博尼和家里的妇女在一些农家女孩的帮助下,表演了佛罗伦萨舞蹈。那不勒斯国王斐迪南一世的女儿阿拉贡的莱昂诺拉去费拉拉完婚时,途经佛罗伦萨,在给她举行的一个宴会上,虽然洛伦佐·德·美第奇当时已是城邦一把手,但他和弟弟朱利亚诺·德·美第奇都在宴会上招待客人。佛罗伦萨社会不存在严格的阶级壁垒,年轻的公民可以在一起玩乐。冬天,男孩和女孩在街上打雪仗,年轻男子们玩佛罗伦萨式足球。狂欢节期间的重大比赛之前有许多训练,会吸引大批观众。

后来，洛伦佐·德·美第奇的长子皮耶罗·迪·洛伦佐·德·美第奇成了一名特别出色的球员。夏天，佛罗伦萨的乡间有野餐会，一年四季都有年轻人跳舞、谈情说爱。

洛伦佐·德·美第奇十六岁时，他的名字就已经和十一岁的卢克雷齐娅·多纳蒂的名字连在一起了。在比赛中，洛伦佐·德·美第奇带着卢克雷齐

卢克雷齐娅·多纳蒂

费拉拉公爵埃尔科莱一世·德·埃斯特

娅·多纳蒂的信物,她成为他诗歌的灵感源泉。洛伦佐·德·美第奇和卢克雷齐娅·多纳蒂的关系就像但丁·阿利吉耶里和贝亚特里切·波尔蒂纳里的关系,或者是弗朗切斯科·彼特拉克和劳拉的关系,而不是情人和情妇的关系。与佛罗伦萨大家族未婚女孩的非法性关系将会使美第奇家族蒙受不必要的耻辱。在那个时代,人们对肉体的罪恶如此不以为意,以至于费拉拉公爵埃尔科莱一世·德·埃斯特把自己的私生女卢克雷齐娅·德·埃斯特的画像送给了阿拉贡的莱昂诺拉,甚至觉得没有什么不妥。那么,像洛伦佐·德·美第奇这样一个精力充沛的人,无疑会恣意放纵。然而,奇怪的是,除了卢克雷齐娅·多纳蒂，唯一与他有联系的女人是多纳托·本奇的妻子巴尔托洛梅亚·德·纳西。弗朗切斯科·圭恰迪尼说，洛伦佐·德·美第奇四十岁时疯狂地爱上了巴尔托洛梅亚·德·纳西，晚上去她的别墅过夜，天亮前回到佛罗伦萨处理公务。洛伦佐·德·美第奇不像同时代的大多数人，包括祖父科西莫·德·美第奇和弟弟朱利亚诺·德·美第奇，他不承认有私生子。洛伦佐·德·美第奇的风流韵事扑朔迷离，这给了当代和后来一些造谣生事者充分发挥想象力的机会。最离奇的故事来自一位19世纪的德意志历史学家，他把从斯洛沃尼亚发给洛伦佐·德·美第奇的品质优良的五十张皮货误读成了五十名土耳其女奴，甚至描述这些女奴个个都很漂亮。

少年时期的洛伦佐·德·美第奇

科西莫·德·美第奇刚一去世，刚刚十五岁的洛伦佐·德·美第奇就开始接受公共事务方面的历练。躺在病榻上、奄奄一息的科西莫·德·美第奇很庆幸自己有两个聪慧的孙子。皮耶罗·迪·科西莫·德·美第奇写信给自己的两个儿子，讲述科西莫·德·美第奇去世前的情况。皮耶罗·迪·科西莫·德·美第奇说，现在是时候让洛伦佐·德·美第奇和朱利亚诺·德·美第奇"按照上帝的旨意"，怀着一颗善良的心，承担起他们的责任，成为"真正的男子汉"。在接下来的两年里，洛伦佐·德·美第奇被派去执行了三次任务。第一次是到比萨去见那不勒斯国王斐迪南一世的次子阿拉贡的弗雷德里克，当时阿拉贡的弗雷德里克正准备前往米兰，去充当其兄长那不勒斯国王阿方索二世与

那不勒斯国王阿方索二世

伊波利塔·马里亚·斯福尔扎的婚礼代理人。这次访问是礼节性的,两位年轻人讨论的主要话题似乎是古典诗歌和白话诗歌各自的优点。这次访问在洛伦佐·德·美第奇的第一部文学作品中结出了硕果,后来洛伦佐·德·美第奇把一封关于托斯卡纳诗人的信连同他们的作品集寄给了阿拉贡的弗雷德里克。从比萨开始的友谊贯穿了洛伦佐·德·美第奇的一生。第二次任务是去米兰,洛伦佐·德·美第奇代表父亲去参加婚礼。在途中,他访问了博洛尼亚、威尼斯和费拉拉,深入了解了意大利的社会和政治生活,也了解了美第奇家族的生意。"这

阿拉贡的弗雷德里克

乔瓦尼二世·本蒂沃利奥

次旅行是对你能力的试金石,"洛伦佐·德·美第奇的父亲皮耶罗·迪·科西莫·德·美第奇写道,"体现出了你的理智、勤奋和男子汉气概,你可以胜任更重要的工作了。"

博洛尼亚属于教皇国,但就像美第奇家族统治着佛罗伦萨一样,博洛尼亚的实际统治者是市民领袖乔瓦尼二世·本蒂沃利奥。他的家族与美第奇家族有着密切的联系,他希望美第奇家族能支持博洛尼亚的独立,反对教皇直接统治这座城市。洛伦佐·德·美第奇在博洛尼亚还有和美第奇家族有很多

克里斯托福罗·莫罗

生意往来的威尼斯都受到了热烈欢迎。洛伦佐·德·美第奇在威尼斯受到了总督克里斯托福罗·莫罗的接见,拜访了所有有发言权的威尼斯公民,这让父亲皮耶罗·迪·科西莫·德·美第奇深感满意。费拉拉的埃斯特家族是意大利最古老的统治家族。费拉拉以热情好客而闻名,是欢乐和文化中心。埃斯特家族和美第奇家族意气相投,埃斯特家族热烈邀请洛伦佐·德·美第奇再多待一段时间。洛伦佐·德·美第奇在盛情之下,推迟了抵达米兰的时间。米兰的美第奇银行是弗朗切斯科·斯福尔扎一世送给科西莫·德·美第奇的礼物,由佛罗伦萨建筑师重建和装饰。当时,米兰的美第奇银行的经理是皮格洛·波尔蒂纳里。皮耶罗·迪·科西莫·德·美第奇要求在访问期间,无论皮格洛·波尔蒂纳里要求说什么、做什么，洛伦佐·德·美第奇都要遵照执行。皮耶罗·迪·科西莫·德·美第奇还告诉儿子请客不要花费太多，尽量不要给弗朗切斯科·斯福尔扎一世带来麻烦，这样弗朗切斯科·斯福尔扎一世才有足够的钱筹备自己女儿伊波利塔·马里亚·斯福尔扎的婚礼。洛伦佐·德·美第奇从米兰匆匆赶回家，为款待去那不勒斯的迎亲队伍做准备。在曼图亚大会上，十四岁的伊波利塔·马里亚·斯福尔扎的拉丁语演讲使教皇庇护二世很高兴。伊波利塔·马里亚·斯福尔扎的文学品位是她和洛伦佐·德·美第奇之间的纽带，从她在美第奇宫逗留时起，两人就开始为共同感兴趣的话题交换书信。有一次，伊波利

教皇庇护二世

塔·马里亚·斯福尔扎向洛伦佐·德·美第奇借了两千个达克特①金币,她保证自己一定会偿还,这是一位可敬的女人。

洛伦佐·德·美第奇在米兰任务中表现出色,皮耶罗·迪·科西莫·德·美第奇对儿子很是满意,觉得可以委派他做更重要的事情了。1466年,洛伦佐·德·美第奇被派到罗马,与教皇保罗二世谈判一项与最近在托尔法发现的明矾矿有关的合同。明矾是佛罗伦萨纺织业必不可少的原料,用来给羊毛和丝绸染上最流行的颜色。当时,佛罗伦萨的明矾供应主要来自黎凡特,而获取开采教皇矿山的特许权是有利可图的。不久,伯多禄·巴尔博就接替了教皇庇护二世的职位成了教皇,称教皇保罗二世。教皇庇护二世是科西莫·德·美第奇和弗朗切斯科·斯福尔扎一世的私人朋友,是他们和平政策的支持者。皮耶罗·迪·科西莫·德·美第奇不知道新教皇保罗二世会采取什么样的政策。洛伦佐·德·美第奇在罗马时,弗朗切斯科·斯福尔扎一世去世,这对维护和平是一个不小的打击。洛伦佐·德·美第奇被告知要尽其所能安抚教皇保罗二世,然后前往那不勒斯,以确保发生骚乱时与斐迪南一世合作。洛伦佐·德·美第奇和朋友们在那不勒斯待了两个月,他的品行和能力给斐迪南一世留下了很好的印象。

洛伦佐·德·美第奇回到佛罗伦萨,发现这座城市内部紧张局势日益加剧,而这种紧张关系正冲击着他父亲的统治地位。由于皮耶罗·迪·科西莫·德·美第奇身体欠佳,举止也不和气,所以他不如父亲科西莫·德·美第奇受欢迎。公民当中的一些有头有脸的人物认为自己和美第奇家族一样有权在政府中坐头把交椅。他们利用科西莫·德·美第奇这位受众人爱戴的领导人去世的机会,试图促成一场变革。反叛者中有卢卡·皮蒂,他曾在科西莫·德·美第奇的政治生涯中发挥过积极作用,现在正在阿尔诺南岸为自己建造一座奢华宫殿;安杰洛·阿恰约利是显赫的商人家族的一位成员,他曾希望能娶到美第奇家族的女

---

① 达克特,旧时欧洲国家的通用金币,每个重3.5克。——译者注

教皇保罗二世

卢卡·皮蒂

孩为妻,但希望变成了失望;迪奥蒂萨尔维·内罗尼也是反叛者之一,他是佛罗伦萨大主教乔瓦尼·内罗尼的哥哥,是一个狡猾的阴谋家,科西莫·德·美第奇错信了他。与这些反叛者有联系的是尼科洛·索代里尼,他是一位理想主义者,他希望在佛罗伦萨建立一个真正的民主政府。皮耶罗·迪·科西莫·德·美第奇的对手赢得了第一轮的战斗。在科西莫·德·美第奇死后不久,佛罗伦萨重新采用了抽签选举制度,结果选出了一个对美第奇家族不利的执政团,尼科洛·索代里尼被选为正义旗手。新政府能说,但不能做,提出了许多计划,毫无效果。重组的执政团任期结束时,维奇奥宫一块标语牌上写着"九个傻瓜出局了",表达了佛罗伦萨人对执政团的看法。尼科洛·索代里尼的继任者是一个支持美第奇家族的正义旗手,但反叛者不接受失败。1466年夏天,反叛者利用意大利的形势,在佛罗伦萨以外的地方获得了盟友,企图用武力达到目的。

迪奥蒂萨尔维·内罗尼

意大利联盟的和平政策限制了政治野心,这令很多人感到气恼。威尼斯的领土扩张和教皇对宗主国的统治都受到了阻碍。除了雇佣兵,还有一些人在寻求有利可图的战争,而法兰西王国的总督们也急于提出他们的主张。弗朗切斯科·斯福尔扎一世和科西莫·德·美第奇有力地控制住了所有的不安定因素,得到了与那不勒斯结成的紧密联盟的支持。当时,加莱亚佐·马里亚·斯福尔扎还年轻,经验不足,而皮耶罗·迪·科西莫·德·美第奇是个病人,这似乎是推翻佛罗伦萨政府的好时机。策划内罗尼阴谋的人意识到他们的成功将会受到威尼斯和教皇保罗二世的支持,保罗二世已经表现出比上一任教皇庇护二世更积极地推行其世俗主张的迹象。阴谋者们一致认为,当皮耶罗·迪·科西莫·德·美第奇从卡雷吉返回佛罗伦萨时,费拉拉公爵博尔索·德·埃斯特应该带一队骑兵穿过亚平宁山脉,协助阴谋者占领佛罗伦萨。乔瓦尼二世·本蒂沃利奥听说了

费拉拉公爵博尔索·德·埃斯特

第 3 章 洛伦佐·德·美第奇接受的教育

博尔索·德·埃斯特的行踪,就警告皮耶罗·迪·科西莫·德·美第奇有危险迫近。因此,当骑马走在父亲轿子前面的洛伦佐·德·美第奇看到一群人聚集在乔瓦尼·内罗尼别墅附近时,立刻产生了怀疑。有人问洛伦佐·德·美第奇他父亲是否在路上时,他回答说"是的",并立刻派了一名信使去给皮耶罗·迪·科西莫·德·美第奇送信,让他从其他门进城。皮耶罗·迪·科西莫·德·美第奇安全到家,城墙外外国军队的出现激发了佛罗伦萨市民的忠诚。

阴谋者看到失败已成定局,只得选择投降。随着迪奥蒂萨尔维·内罗尼的逃亡和几乎所有内罗尼家族成员的流放,消灭了佛罗伦萨内部反抗的核心力量。尼科洛·索代里尼和安杰洛·阿恰约利被流放,但他们家族的其他人留下来支持美第奇家族。卢卡·皮蒂在这个他曾有过巨大影响的城市里成了孤家寡人,彻底失势,他是如此的不受欢迎,以至于那些正在给他建造房子的工人也放下了手中的工具,甩手不干了。政府召集议会通过了一项法令,该法令规定抽签选举执政团的方式应该暂停十年,应该赋予新临时委员会更多的权力。因此,美第奇家族加强了对政府的控制。通过一项规定,美第奇家族得到了佛罗伦萨领导者的继承权,即洛伦佐·德·美第奇虽然还不到执政年龄,但应该允许他在临时委员会和百人委员会中代表他父亲,所有重要的国家事务都必须通过这两个委员会协商解决。

1467年的战争是皮耶罗·迪·科西莫·德·美第奇对手使出的最后一招。巴尔托罗梅奥·科莱奥尼是威尼斯的一名雇佣兵指挥官。威尼斯准许他休假,以便他能在独立行动的掩护下为威尼斯的利益服务。巴尔托罗梅奥·科莱奥尼的计划是联合佛罗伦萨的流亡者,从罗马涅向佛罗伦萨进发。据说,这一计划得到了教皇保罗二世的同意。但巴尔托罗梅奥·科莱奥尼的计划受阻,因为美第奇家族的朋友们迅速联合帮助守卫佛罗伦萨。年轻的加莱亚佐·马里亚·斯福尔扎亲自来到了佛罗伦萨,那不勒斯的队伍由王位继承人卡拉布里亚公爵阿

乌尔比诺公爵费德里科·达·蒙泰菲尔特罗

方索^①率领。乌尔比诺公爵费德里科·达·蒙泰菲尔特罗被任命为盟军司令。乔瓦尼二世·本蒂沃利奥派间谍进入巴尔托罗梅奥·科莱奥尼的营地,让间谍随时向盟军报告巴尔托罗梅奥·科莱奥尼的行踪。因此,巴尔托罗梅奥·科莱奥尼率领的军队延缓了对托斯卡纳的进攻,只在博洛尼亚附近的莫利内拉打了一仗。尼科洛·马基雅维利说没有一个人被杀,只有少数人受伤。事实上,双方都有一定的损失,博洛尼亚的医院挤满了伤员。战斗进行了一整天,直到傍晚

---

① 即后来的那不勒斯国王阿方索二世。——译者注

才停止,但一直没有分出胜负。按照雇佣兵作战的精神,双方指挥官握了手,互相祝贺对方安然无恙地从冲突中脱身。此后,巴尔托罗梅奥·科莱奥尼对进一步的冒险毫无兴趣,军队撤退到冬季营地。1468年年初,双方签署了和平协议,终于挫败了长期以来想要推翻美第奇政府的企图。

战争期间,洛伦佐·德·美第奇留在佛罗伦萨,没有参加任何战斗。美第奇家族不是军人家族,而是商人家族,洛伦佐·德·美第奇接受的教育不包括军事训练。由于身体每况愈下,皮耶罗·迪·科西莫·德·美第奇越来越不愿意让儿子洛伦佐·德·美第奇离开自己的视线。他抱怨说,没有洛伦佐·德·美第奇,自己就是一个没有手的人。自从祖父科西莫·德·美第奇去世后,洛伦佐·德·美第奇成为家族首领。对摆在自己面前的工作,洛伦佐·德·美第奇获得了宝贵经验。洛伦佐·德·美第奇开始了解商业和政治之间的密切联系。美第奇家族与外国势力关系交往的有利条件是在商界中的地位,美第奇家族因在佛罗伦萨的地位而提高了声望。为了维护美第奇家族的商业利益,有必要控制佛罗伦萨共和国的经济和外交政策。过去几年的事件表明,美第奇家族统治依赖的基础是多么不牢靠。这些事件也表明赢得一些值得信赖的在意大利的统治者朋友十分重要。为了保持统治地位并留住盟友,洛伦佐·德·美第奇必须把握住国内外舆论的脉搏。洛伦佐·德·美第奇有很多天赋,特别适合他的角色,其中一个天赋就是擅长结交朋友。

第4章

婚姻与权力的召唤

精彩看点

婚前的考验——洛伦佐·德·美第奇与克拉丽丝·奥尔西尼的结合——马上比武大赛——克拉丽丝·奥尔西尼其人——洛伦佐·德·美第奇的父亲去世——洛伦佐·德·美第奇掌权

1469年对洛伦佐·德·美第奇来说意义重大。1469年6月，他与克拉丽丝·奥尔西尼完婚。1469年11月，他继承了父亲皮耶罗·迪·科西莫·德·美第奇的遗业，获得了政府统治权。与罗马贵族的女儿结婚是佛罗伦萨商业寡头的一个新起点。在此之前，美第奇家族一直遵守阶级习俗，跟一些富有的家族联姻。在佛罗伦萨，洛伦佐·德·美第奇与克拉丽丝·奥尔西尼的婚事是不受欢迎的。但它有好处，皮耶罗·迪·科西莫·德·美第奇和卢克雷齐娅·托尔纳博尼对这桩婚事赞不绝口。克拉丽丝·奥尔西尼是蒙特罗通多的雅各布·奥尔西尼的女儿。克拉丽丝·奥尔西尼的母亲来自布拉恰诺的奥尔西尼家族，是枢机主教拉蒂诺·奥尔西尼的妹妹。在罗马教廷，拉蒂诺·奥尔西尼是一位很有影响力的人物。蒙特罗通多的奥尔西尼家族是军人之家，在罗马北部和那不勒斯地区拥有大量地产。与这个强大的家族结盟可以弥补佛罗伦萨的军事弱点，让美第奇家族对教皇施加影响，加强美第奇家族与那不勒斯的联系。皮耶罗·迪·科西莫·德·美第奇也意识到如果自己的继承人在佛罗伦萨选择新娘，只会让一个家庭满意，而让很多家庭嫉妒。

　　洛伦佐·德·美第奇的两个舅舅——乔瓦尼·托尔纳博尼和弗朗切斯科·托尔纳博尼承担起采取必要措施巩固联盟的责任，他们是罗马美第奇银行的负责人。但在正式订立婚约之前，卢克雷齐娅·托尔纳博尼去了罗马，想

克拉丽丝·奥尔西尼

要亲自了解克拉丽丝·奥尔西尼。可以说，卢克雷齐娅·托尔纳博尼给丈夫皮耶罗·迪·科西莫·德·美第奇汇报的消息令人高兴，但算不上振奋。她说克拉丽丝·奥尔西尼乍一看有两个优点，个子高挑，皮肤白皙。虽然不漂亮，但身材很好，表情和蔼可亲，头发是淡红色。她的举止不像佛罗伦萨的姑娘们那么迷人，不像她们那样骄傲地昂着头，而是略微前伸。卢克雷齐娅·托尔纳博尼把克拉丽丝·奥尔西尼的缺点归因于害羞。卢克雷齐娅·托尔纳博尼向丈夫保证，未来的儿媳非常谦逊，很快会学会佛罗伦萨的习俗。总体来说，克拉丽丝·奥尔西尼是一个大大胜过普通人的姑娘，虽然比不上卢克雷齐娅·托尔纳博尼自己的三个女儿。卢克雷齐娅·托尔纳博尼认为在佛罗伦萨长大的女孩比在传统、闭塞的封建家庭中长大的女孩子受到的教育更好，更有利于在社会中占有一席之地。考虑到卢克雷齐娅·托尔纳博尼的母性和爱国主义偏见，她的这一看法可能是对的。克拉丽丝·奥尔西尼虽然出身高贵，但不是洛伦佐·德·美第奇的理想伴侣。几天后，洛伦佐·德·美第奇在弥撒上瞥见了自己要求婚的新娘，他表示很满意，愿意满足父亲的愿望[①]。因此，过了一段时间，他们俩订立了婚约。克拉丽丝·奥尔西尼的嫁妆包括六千个弗罗林[②]金币、珠宝和礼服。对这门亲事，美第奇家族和奥尔西尼家族都很满意。奥尔西尼家族没有认为这一结合是不般配的，甚至比美第奇家族更渴望这门亲事。比萨大主教菲利波·德·美第奇是洛伦佐·德·美第奇的远房堂兄，他代表洛伦佐·德·美第奇与克拉丽丝·奥尔西尼在罗马成婚。为了庆祝这门婚事，美第奇家族在佛罗伦萨举行了一场无与伦比的马上比武大赛。在一首叫《马上比武的洛伦佐·德·美第奇》的诗歌中，路易吉·浦尔契讲述了这场大赛的情况。比赛场地设在圣克罗切广场，有十八位参赛者。杰出的雇佣军首领罗伯托·达·圣塞韦里诺是比赛评委之一。在这种场合，华丽的场面比比赛成绩更重要。洛伦佐·德·美第奇骑着那不勒斯国王斐迪南一世赐给他的马，在号手、鼓手和吹笛人的带领下进入了竞技场。洛伦佐·德·美第奇的天鹅绒帽子上镶着珍珠，盾牌上镶着一颗叫"书"的大钻石。他在外衣外面系了一条丝巾，上面绣着玫瑰，有的玫瑰是凋零的样子，有的是正在绽放的样子，上面还有一句用珍珠绣成的箴言："时光倒流。"为了比赛，洛伦佐·德·美第奇把帽子换成了一项有三根蓝色羽毛的头盔，骑的战马是费拉拉公爵博尔索·德·埃斯特送给他的礼物。皮耶罗·迪·科

---

① 1467年3月和1467年4月，卢克雷齐娅·托尔纳博尼在罗马写信给洛伦佐·德·美第奇，告知他婚事的进展情况。——原注
② 弗罗林，金币名，1252年，在佛罗伦萨铸造，每个弗罗林金币重3.5克左右。——译者注

法兰西国王路易十一

西莫·德·美第奇引以为傲的一项荣誉是法兰西国王路易十一授予他和他的继承人的法兰西王国的皇家武器,洛伦佐·德·美第奇于是带着镶有金色百合花的盾牌参加了比赛。对自己在比赛中起的作用,洛伦佐·德·美第奇在日记中的描述具有现实主义特点:"为了和其他人一样,我在圣克罗切广场上参加了一场比赛。这场比赛耗资巨大,场面壮观,大约花了一万个达克特金币。在比赛中,我虽然不是一直都表现得勇猛、果敢,但获得了一等奖,奖品是一顶银色的头盔,上面有战神造型装饰。"克拉丽丝·奥尔西尼焦急地等待着比赛消息,因担心未婚夫的安全而头痛不已,听到洛伦佐·德·美第奇胜利的消息后,她给洛伦佐·德·美第奇写了一封简短的祝贺信。然而,马上比武大赛的"皇后"不是克拉丽丝·奥尔西尼,而是卢克雷齐娅·多纳蒂。两年前,在一次庆祝朋友婚礼的马上比赛中,卢克雷齐娅·多纳蒂送给洛伦佐·德·美第奇一个紫罗兰花环,洛伦佐·德·美第奇答应会为她举行一场娱乐活动。通过在卢克雷齐娅·多纳蒂面前举行马上大赛,洛伦佐·德·美第奇圆满地兑现了自己的诺言。对洛伦佐·德·美第奇来说,卢克雷齐娅·多纳蒂的微笑是对他最高的奖赏。在这之后,洛伦佐·德·美第奇的热情似乎冷却了。卢克雷齐娅·多纳蒂已经结婚了,克拉丽丝·奥尔西尼把她当作朋友。在洛伦佐·德·美第奇与克拉丽丝·奥尔西尼结婚后,卢克雷齐娅·多纳蒂还成了克拉丽丝·奥尔西尼儿子的教母。

与此同时,乔瓦尼·托尔纳博尼和弗朗切斯科·托尔纳博尼从罗马写信称赞克拉丽丝·奥尔西尼,希望能唤起洛伦佐·德·美第奇的热情。拉蒂诺·奥

乔瓦尼·托尔纳博尼

尔西尼也迫切地邀请洛伦佐·德·美第奇去看望克拉丽丝·奥尔西尼。洛伦佐·德·美第奇没有接受邀请，也许是因为他对此比较冷淡，但更可能是因为皮耶罗·迪·科西莫·德·美第奇反对他离开佛罗伦萨。后来，朱利亚诺·德·美第奇代替哥哥洛伦佐·德·美第奇去罗马迎接新娘。为了迎接克拉丽丝·奥尔西尼的到来，佛罗伦萨管辖下的城市和乡村送来了肉类、家禽、糖果和葡萄酒，为婚宴布置餐桌。1469年6月4日周日早上，克拉丽丝·奥尔西尼连夜从佛罗伦萨城外来到美第奇宫，洛伦佐·德·美第奇正在那里等着她。克拉丽丝·奥尔西尼穿着白色和金色相间的锦缎衣服，骑的是洛伦佐·德·美第奇在佛罗伦萨

美第奇宫

圣克罗切广场参加比赛时骑的那匹马。一群青年男女陪伴着克拉丽丝·奥尔西尼，在她到达美第奇宫的时候，按照佛罗伦萨的风俗，伴随着音乐，一棵橄榄树被拉到窗前。接下来是三天的盛宴。饭菜和酒水并没有"超越普通人婚礼的简单和朴素"，每次烤肉只上一种，还有杏仁蛋白软糖和甜杏仁之类的甜食。但宴会的布置显示出佛罗伦萨的特点和真诚的一面。婚宴第一天，在一个可以俯瞰花园的凉廊里，新娘克拉丽丝·奥尔西尼和五十个年轻女子一起用餐，而新郎的母亲则在上面的阳台招待年长的女士。七十个老人在院子的拱门下用餐，年轻人则在大厅里用餐。在庭院中央的一个圆柱上面竖立着多纳泰罗的大卫雕像；在圆柱和花园喷泉周围，放置着巨大的铜冷却器，冷却的托斯卡纳葡萄酒用来招待客人。桌布是用最好的锦缎做成的，婚宴的每一道菜都是在喇叭声中端上来的。晚饭后有一段休息时间，宾客们重聚在一起听音乐，观看舞台上的舞蹈表演。舞台上挂着华丽的挂毯，帘子上绣着美第奇家族和奥尔西尼家族的纹饰。新娘克拉丽丝·奥尔西尼的礼物，最引人注目的是一本祈祷书，是洛伦佐·德·美第奇的第一个家庭教师真蒂利·贝奇送给她的礼物，这本书是用金字写在蓝色的羊皮纸上的，用水晶和烫银做的装帧。1469年6月5日星期一的庆祝活动被雨破坏了。1469年6月6日星期二，天气放晴，当天的活动从佛罗伦萨圣洛伦佐教堂的弥撒开始，所有人都穿着非常漂亮的衣服。

正如洛伦佐·德·美第奇承认的，他与克拉丽丝·奥尔西尼的结合是利益的结合，不是幸福的婚姻。美第奇家族非常看重家庭关系。当克拉丽丝·奥尔西尼成为美第奇家族的一员时，洛伦佐·德·美第奇对她很好，也很体贴。然而，克拉丽丝·奥尔西尼对艺术和文学都没有兴趣，对政治一窍不通。因此，她被排除在洛伦佐·德·美第奇心房之外，无法分享他的爱好和快乐。婚礼结束后的几周，洛伦佐·德·美第奇去了米兰，代替他父亲去给米兰公爵加莱亚佐·马里亚·斯福尔扎长子吉安·加莱亚佐·斯福尔扎当教父。他给妻子写了两封短信，饱含深情，但内容空洞，体现了他们夫妻关系的典型特点。在第一封信里，他说自己已经安全抵达米兰，一切都很好："从我自己对你和家的渴望来看，除了我返回的消息，我想这是最让你高兴的消息了。你好好陪着父亲、祖母和母亲，我很快就会回到你身边……请为我祈祷，如果你需要什么，在我离开之前告诉我。你的洛伦佐。"两天后，他表示很快就要返回了，告诉克拉丽丝·奥尔西尼要照顾好自己。

克拉丽丝·奥尔西尼一共生了十个孩子，其中三个在婴儿期夭折，剩下三个儿子和四个女儿。她给丈夫写的为数不多的几封信主要是关于她自己和家人健康，或者是向洛伦佐·德·美第奇推荐她最喜爱的传教士。他们之间只有一次严重的争执被记录下来。这次争执源于1478年到1479年战争期间，克拉丽丝·奥尔西尼和孩子们的家庭教师安杰洛·波利齐亚诺的争吵。当时，克拉丽丝·奥尔西尼和孩子们都在卡法吉奥罗，而洛伦佐·德·美第奇则留在佛罗

安杰洛·波利齐亚诺

小乔瓦尼·迪·洛伦佐·德·美第奇（即教皇利奥十世）

伦萨工作。克拉丽丝·奥尔西尼想让儿子小乔瓦尼·迪·洛伦佐·德·美第奇从《圣咏集》中学习拉丁文，而不是从安杰洛·波利齐亚诺为他选择的古典文本中学习。几周后，克拉丽丝·奥尔西尼把安杰洛·波利齐亚诺赶出了家门。洛伦佐·德·美第奇同情朋友，他虽然默许了安杰洛·波利齐亚诺被解雇这件事，但让安杰洛·波利齐亚诺住在自己在菲耶索莱别墅的私人房间里。克拉丽丝·奥尔西尼抱怨说这使自己成了笑柄。最后，洛伦佐·德·美第奇写信表达了不满，因为克拉丽丝·奥尔西尼没有按他的要求把安杰洛·波利齐亚诺的书籍送还给他，洛伦佐·德·美第奇要求妻子当天晚上一定要把书送出。后来，克拉丽丝·奥尔西尼患上了肺病。1488年，妻子去世时，洛伦佐·德·美第奇悲痛万分。费拉拉驻佛罗伦萨大使给他的主人埃尔科莱一世·德·埃斯特写信说克拉丽丝·奥尔西尼三天前就去世了,但他没有立即把消息送出去,因为他觉得这消息并不重要。可以说,费拉拉大使的这段话是对克拉丽丝·奥尔西尼的历史地位的一个公正评价。

皮耶罗·迪·科西莫·德·美第奇生命的最后几个月被焦虑笼罩着。他还没有从内罗尼阴谋的冲击中恢复过来,担心自己的死亡成为企图推翻美第奇家族统治的信号。罗马涅也酝酿着新麻烦,教皇保罗二世利用里米尼领主西吉斯蒙多·潘多尔福·马拉泰斯塔死亡的机会,宣布里米尼为封地。威尼斯答应支

里米尼领主西吉斯蒙多·潘多尔福·马拉泰斯塔

罗伯托·马拉泰斯塔

持教皇保罗二世,希望能在里米尼分到一杯羹。当西吉斯蒙多·潘多尔福·马拉泰斯塔的儿子罗伯托·马拉泰斯塔被里米尼市民承认为领主后,教皇保罗二世和威尼斯派了军队想赶他下台。如果里米尼沦陷,罗马涅将岌岌可危,而威尼斯和教皇保罗二世可能会受到佛罗伦萨流放者的蛊惑,转而对佛罗伦萨动武,把政权从垂死的皮耶罗·迪·科西莫·德·美第奇手中夺走。佛罗伦萨和米兰必须联合支持罗伯托·马拉泰斯塔,而洛伦佐·德·美第奇受邀去米兰斯福尔扎王室似乎为讨论最佳的应对措施提供了一个很好的机会。皮耶罗·迪·科西莫·德·美第奇很不情愿地让儿子接受了邀请。皮耶罗·迪·科西莫·德·美第奇不但反对洛伦佐·德·美第奇离开佛罗伦萨,而且担心他有可能会滥用职

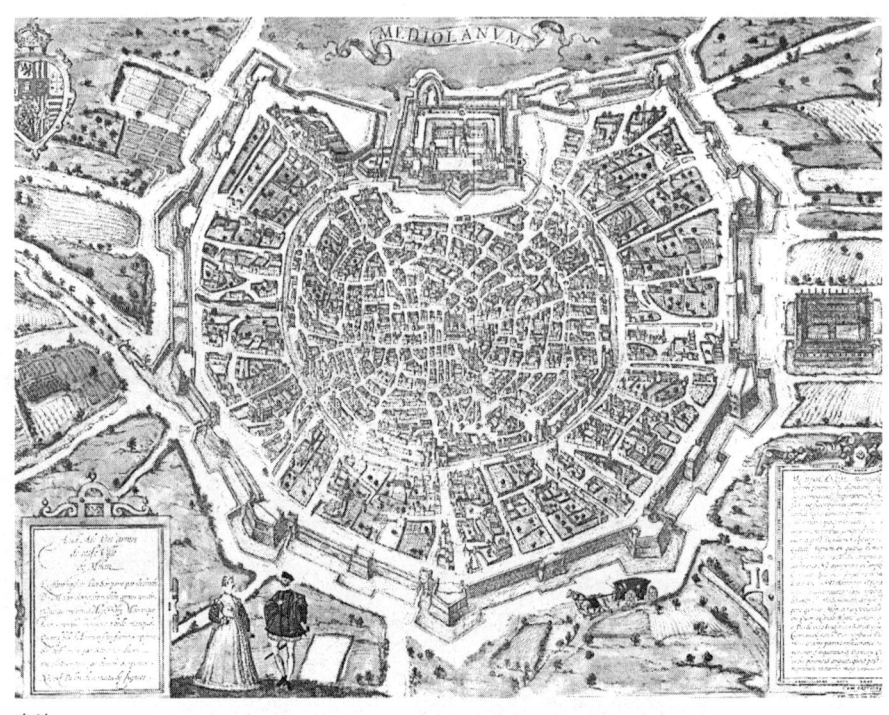

米兰

权。在卡雷吉，皮耶罗·迪·科西莫·德·美第奇给妻子卢克雷齐娅·托尔纳博尼写了一封信，口吻暴躁，劝她告诉儿子洛伦佐·德·美第奇，他不是大使，不能越权。"我下定决心，"皮耶罗·迪·科西莫·德·美第奇说，"小鹅不能带着雄鹅去喝水。"洛伦佐·德·美第奇和以前一样，在米兰广受欢迎。他小心翼翼地把政治问题通过正常外交渠道来讨论，他送的华丽金项链和钻石项链让加莱亚佐·马里亚·斯福尔扎的夫人满心欢喜。加莱亚佐·马里亚·斯福尔扎请洛伦佐·德·美第奇当孩子们的教父。与此同时，罗伯托·马拉泰斯塔得知自己并非没有朋友，大受鼓舞，挫败了教皇保罗二世的军队，削弱了教皇保罗二世的意志，里米尼的危机暂时解除了。

1469年12月2日，皮耶罗·迪·科西莫·德·美第奇在卡雷吉去世，享年五十三岁。在他统治的五年中，身体欠佳，不能经常在公众面前露面，这减弱了他对佛罗伦萨人的控制。上承一位伟大的父亲,下接一个出色的儿子,这使皮耶罗·迪·科西莫·德·美第奇的声誉在历史学家那里大打折扣。尼科洛·马基雅维利指出,由于这些不利因素,皮耶罗·迪·科西莫·德·美第奇的"价值和善良"没有得到充分认可。皮耶罗·迪·科西莫·德·美第奇的突出优点之一是他能正确认识自己在佛罗伦萨的地位。他总是小心翼翼地按照宪法的规定行事,不让自己成为独裁者。据尼科洛·马基雅维利的记录,皮耶罗·迪·科西莫·德·美第奇在临终之前提议召回所有的流放者,借以消除佛罗伦萨内部

尼科洛·马基雅维利

第 4 章 婚姻与权力的召唤

的一些不满，这是他爱国精神和宽恕之心的典型体现。在外交事务上，皮耶罗·迪·科西莫·德·美第奇沿袭并发展了父亲科西莫·德·美第奇的政策，努力维持意大利和平，加强了佛罗伦萨与米兰、那不勒斯的友谊，这是和平的基础。在同时代的统治者中，路易十一不是唯一一个赞扬皮耶罗·迪·科西莫·德·美第奇智慧、忠诚和毅力的人。在很大程度上，洛伦佐·德·美第奇继承的遗产得益于父亲的悉心料理。

洛伦佐·德·美第奇无可争议地继承了统治地位，这是托马索·索代里尼迅速采取行动的结果。在哥哥尼科洛·索代里尼试图推翻美第奇家族的过程中，托马索·索代里尼始终忠于美第奇家族。托马索·索代里尼把大约六百名地位显赫的公民召集到圣安东尼奥修道院，滔滔不绝地讲述着科西莫·德·美第奇和皮耶罗·迪·科西莫·德·美第奇给佛罗伦萨带来的好处，以及洛伦佐·德·美第奇和朱利亚诺·德·美第奇两个年轻人的美德。他说洛伦佐·德·美第奇和朱利亚诺·德·美第奇同他们的父亲和祖父一样，渴望得到同胞的好感。其他人讨论了这个问题，其中包括皮蒂家族的成员，他们强调城邦需要一位元首，以确保在处理公共事务时，佛罗伦萨能够团结一致。经过会议一致同意，托马索·索代里尼在皮耶罗·迪·科西莫·德·美第奇去世的第二天，在执政派系代表的陪同下来到美第奇宫，提议洛伦佐·德·美第奇承担起管理城邦的重任。洛伦佐·德·美第奇在日记中写道："这项提议有违我在这个年龄段的天性，涉及沉重的负担和危险，我不情愿地接受了，只是为了保护朋友和财富。因为在佛罗伦萨，如果没有获得对政府的控制权，生活将会非常糟糕。"

洛伦佐·德·美第奇知道摆在自己面前的是一项重担，他对此不抱有任何幻想。他现在是美第奇家族银行的负责人，各大分行都在寻求总行的指示。在佛罗伦萨，他会发现自己受到每一个有野心或有不满情绪的人的指使和召唤，因为他不能让任何一个佛罗伦萨人对自己的统治产生不满。他必须处理大量的外交函件，研究使节报告，给使节进一步的指示，他还要给其他国家领导人写信。这些工作对洛伦佐·德·美第奇来说是枯燥乏味的，因为他当时还

托马索·索代里尼

未满二十一岁,有着诸多快乐的消遣方式。虽然有很多忠实的朋友帮助洛伦佐·德·美第奇,但由于他不是官方人员,他不能把职责委派给别人。然而,他从小就接受过这方面的训练。对一个意识到自己有非凡才能的人来说,正是这些困难吸引了他。

第5章

美第奇银行

精彩看点

美第奇家族的银行——米兰的美第奇银行分行——银行经理——银行经理与美第奇家族的关系——美第奇银行的破产——美第奇银行的复苏

曾经有人认为美第奇家族盾徽上的红色小球有双重意义,既代表美第奇家族,又代表医生的药丸。但红色小球更可能与典当行的球有关。金融行会的盾徽是一个红色盾牌,上面是金色球。因此,球就成了金钱交易的象征。美第奇家族盾徽上的六个红球还有典当行招牌上的三个金球应该都和金钱交易相关。在佛罗伦萨,"银行"一词适用于从城市典当机构到从事大规模商品交易和交换的各种企业。佛罗伦萨市场的货币兑换商与美第奇家族属于同一个行会。菲利普·德·科明尼斯描述美第奇家族的商行是世界上最伟大的商行。美第奇银行在科西莫·德·美第奇的领导下达到了顶峰。当洛伦佐·德·美第奇成为美第奇银行的负责人时,很多人都打着美第奇家族的旗号,"以上帝和好运之名"进行交易。1414到1476年,美第奇家族是"教皇银行家",这一地位给美第奇家族带来了各种各样的盈利业务。美第奇家族的代理人被雇来搜寻古典文献,或为教皇的唱诗班招募歌手。教皇海外税收收集者会把钱交给离得最近的美第奇银行。这笔钱可以用来支付购买货物的费用,例如,购买一批英格兰羊毛,然后把羊毛运往佛罗伦萨的羊毛工会,在佛罗伦萨把货物兑换成汇票,最终这笔钱以汇票的形式传到罗马。美第奇银行收到教皇保罗二世任命新主教的诏书后,会一直留着诏书,除非主教候选人向它支付税金。如果钱没有到位，诏书将会被重新发还给罗马教廷。美第奇银行的这种运作方式有助于某个主教候选人胜出。1448年，布鲁日的美第奇银行写给约克主教约翰·坎普的一封信就显示了这一点。约翰·坎普想让自己的侄子托马斯·坎普成为伦敦主教。布鲁日的美第奇银行写信告诉约翰·坎普，诏书在银行，要求约翰·坎普及时把税金交给伦敦美第奇银行，说在罗马银行的同事费尽心力才从英格兰国王亨利六世支持的人选手中夺取了这一荣誉。在这件事上，美第奇银行没有白费力气。托马斯·坎普当了将近四十年的伦敦主教。

英格兰国王亨利六世

菲利普·德·科明尼斯

弗朗切斯科·斯福尔扎成为米兰公爵之后,科西莫·德·美第奇在米兰建立了美第奇银行。弗朗切斯科·斯福尔扎任命该银行经理皮格洛·波尔蒂纳里为米兰财政大臣。米兰的美第奇银行成为美第奇商业的重要中心。1466年,日内瓦美第奇银行被转移到里昂。在洛伦佐·德·美第奇的统治下,日内瓦的美第奇银行的扩张标志着他和路易十一的关系日益友好。在里昂的美第奇银行,菲利普·德·科明尼斯有一笔存款,后来他从这笔存款中取出一部分钱,将自己从路易十一驾崩后囚禁的铁笼子赎出来。佛罗伦萨从未成功地发展出一种适合自己需要的运输业。因此，威尼斯的美第奇银行仍然是佛罗伦萨与东方贸易的中心。15世纪50年代初，佛罗伦萨与威尼斯交战时，威尼斯的美第奇银行财产被没收了。但商业联系对交战双方来说都太重要了，除了关系暂时的破裂，银行的财产不会有太多的损失。比萨对佛罗伦萨与西班牙的贸易很重要。比萨的美第奇银行在瓦伦西亚和巴塞罗那都有代理人。布鲁日的美第奇银行有着悠久而有趣的历史，与伦敦的美第奇银行有着密切的联系。其他的美第奇分行包括阿维尼翁的美第奇银行与吕贝克的美第奇银行，尽管后者在洛伦佐·德·美第奇执政之前就倒闭了。

每个美第奇银行的分行都成立了一个独立公司，银行经理也是公司合伙人。但美第奇家族将一半以上的股份掌握在家族成员手中，以此保持对公司的控制。银行经理的下级是代理人和普通雇员，他们被称为次级管理人。许多年轻的佛罗伦萨人都把自己的人生起点归功于美第奇银行。其中一个典型例子就是吉罗佐·德·皮格利，他在1446年被派去负责伦敦的美第奇银行的业务。根据合同条款，科西莫·德·美第奇和乔瓦尼·本奇提供了伦敦美第奇银行大部分资金，而吉罗佐·德·皮格利提供了大约六分之一的资金。高级合伙人科西莫·德·美第奇和乔瓦尼·本奇拿走了五分之四的利润，剩下的五分之一留给了伦敦经理。如果企业出现亏损，损失将以同样的比例分摊。吉罗佐·德·皮格利必须保证不赌博；对贷款给哪些企业，贷款的额度，以及他自己租赁的房子和经营的企业，他都得到了详尽的指示。九年后，吉罗佐·德·皮格利的名字出现在一份与布鲁日的美第奇银行有关的合同中。关于这份合同，高级合伙人是皮耶罗·迪·洛伦佐·德·美第奇、乔瓦尼·迪·科西莫·德·美第奇和皮耶尔弗朗切斯科·德·美第奇，他们三个贡献了三千英镑总资本中的两千英镑，拿走了五分之三的利润。吉罗佐·德·皮格利贡献了六百英镑，还有即将成为经理的安杰洛·塔尼拿出了五百英镑。吉罗佐·德·皮格利和安杰洛·塔尼都获得了五分之一的利润。

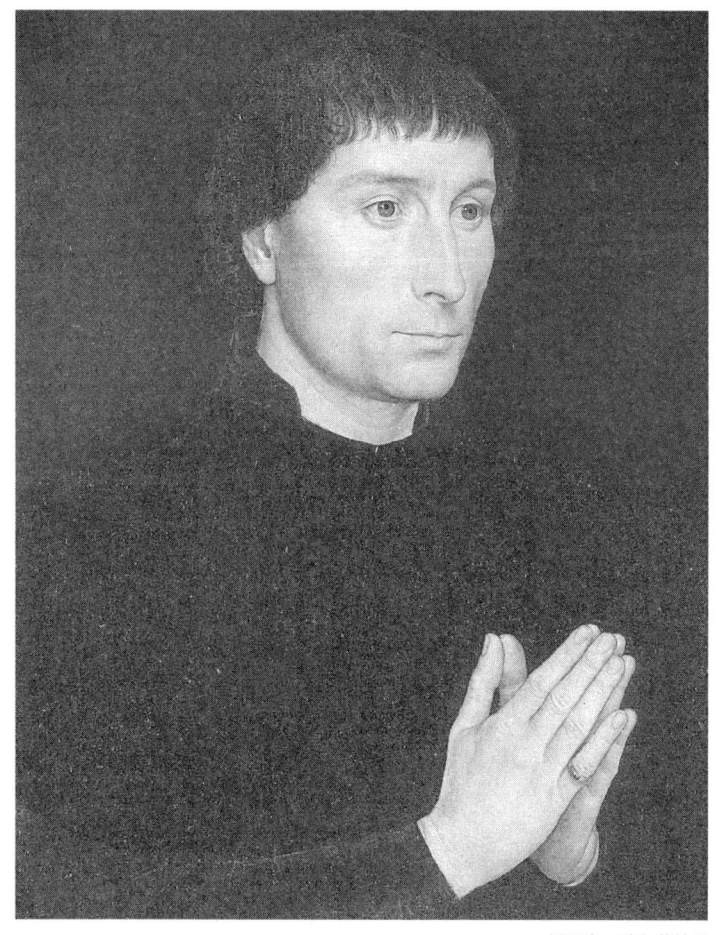

托马索·波尔蒂纳里

  1465年，米兰的美第奇银行经理皮格洛·波尔蒂纳里的弟弟托马索·波尔蒂纳里被任命为美第奇银行布鲁日分行负责人，担任此职位十五年。托马索·波尔蒂纳里的工作是美第奇银行开展各种业务的一个典型例子。他购买英格兰羊毛，有时在当地编织，然后送到佛罗伦萨精加工。托马索·波尔蒂纳里把佛罗伦萨的丝绸和锦缎卖给佛兰德斯的贵族。威尼斯的美第奇银行把棉花、糖和香料寄给他。他购买棉织画和其他艺术品来装饰佛罗伦萨的美第奇宫。通过汇票的方式，他让雇佣兵队长科姆特·德·坎波巴索和为勃艮第公爵

"大胆"查理服务的意大利雇佣兵将收入寄回家。他与"大胆"查理建立了亲密关系,为"大胆"查理的竞选活动提供资金,并在勃艮第宫廷担任洛伦佐·德·美第奇的代理人。1466年,他建造了一座漂亮的新银行大楼,迫切地邀请洛伦佐·德·美第奇参观。

美第奇银行一些分行经理与美第奇家族有姻亲关系,比如罗马的乔瓦尼·托尔纳博尼和弗朗切斯科·托尔纳博尼,以及里昂的莱昂纳托·德·罗西,他是洛伦佐·德·美第奇的大姐玛利亚·迪·皮耶罗·德·美第奇的丈夫。佛罗伦萨美第奇银行经理是一个特别重要的职位。科西莫·德·美第奇死后不久,弗朗切斯科·萨塞蒂接任了这个职位。洛伦佐·德·美第奇任命弗朗切斯科·萨塞蒂为首席商业顾问。除了银行业务,美第奇家族还与佛罗伦萨的丝绸和毛织品行业有合作关系。洛伦佐·德·美第奇生来就有了成为佛罗伦萨金融行会会员的资格,十岁时加入了洗染行会,成为美第奇家族的掌权者后,又加入了丝绸行会。作为三大行会的成员,洛伦佐·德·美第奇在佛罗伦萨商业中占据了关键位置。美第奇家族并非没有商业对手,其中最明显的是在罗马和布鲁日有独立银行机构的帕齐家族。但在某种程度上,美第奇家族与佛罗伦萨几乎所有的大商人家族都有联系。

在洛伦佐·德·美第奇的侄孙们看来,洛伦佐·德·美第奇不善于经商。美第奇公司已经发展到个人无法控制的地步。在洛伦佐·德·美第奇统治期间,公司发生了一连串不幸,而他对此难辞其咎。有证据表明,洛伦佐·德·美第奇对例行事务的处理不周。科西莫·德·美第奇和皮耶罗·迪·科西莫·德·美第奇密切地掌控着各分行的管理。与布鲁日的美第奇银行有关的信显示了皮耶罗·迪·科西莫·德·美第奇杰出的商业头脑。很多信都是皮耶罗·迪·科西莫·德·美第奇自己写的。他小心谨慎地保存着这些信。从1470年开始,佛罗伦萨与布鲁日之间的书信往来越来越少。洛伦佐·德·美第奇主要对政治和艺术感兴趣,而不是银行业。他给下属放权太多,下属有时辜负了他的信任。每年,弗朗切斯科·萨塞蒂都会收到一份各分行的资产负债表。他在

弗朗切斯科·萨塞蒂

审核账目时越来越粗心,未能及时发现莱昂纳托·德·罗西对里昂分行管理不善的严重问题。托马索·波尔蒂纳里可以凭借自己的权力从布鲁日的美第奇银行贷款,贷款额度也不受限制。托马索·波尔蒂纳里十分崇拜"大胆"查理,不顾一切地借钱给他。"大胆"查理去世前,还未还清美第奇银行的债务。接着,托马索·波尔蒂纳里又花了一大笔钱,把钱借给了"大胆"查理的女婿——奥地利人马克西米利安①。马克西米利安身无分文,所以不得不向自己的新娘

马克西米利安

---

① 即后来的神圣罗马皇帝马克西米利安一世。——译者注

勃艮第的玛丽

勃艮第的玛丽借钱，买了一套华丽的银铠甲，穿着它去根特完婚。1481年，洛伦佐·德·美第奇将布鲁日的美第奇银行以一万六千六百一十六个弗罗林金币的价格卖给了托马索·波尔蒂纳里。

早在1478年，伦敦的美第奇银行就在非常糟糕的状况下破产了。英格兰国王爱德华四世没有偿还在争夺王位期间借的大笔款项。沃里克伯爵理查德·内维尔也从美第奇银行伦敦分行借了钱，因为理查德·内维尔的死亡，收回借款的可能性消失了。伦敦的美第奇银行经理盖拉尔多·卡尼贾尼娶了一位

英格兰国王爱德华四世

沃里克伯爵理查德·内维尔之死

女爵士伊丽莎白·斯托克顿为妻，成了一名英格兰人。克里斯托法诺·斯皮尼被派往伦敦就洛伦佐·德·美第奇的利益做一个最后的了断。但盖拉尔多·卡尼贾尼否认自己欠美第奇家族的债务，逮捕了克里斯托法诺·斯皮尼。佛罗伦萨的美第奇银行被迫偿还了从布鲁日借来的五万一千五百三十三个弗罗林，之后关闭了伦敦的美第奇银行。在布鲁日和伦敦发生危机时，教皇西斯笃四世与洛伦佐·德·美第奇发生了争执，西斯笃四世剥夺了美第奇家族"教皇银行家"的地位，也剥夺了美第奇家族对托尔法明矾矿的垄断。1478年，佛罗伦萨陷入战争，洛伦佐·德·美第奇大量动用自己的资源来满足战争对金钱的迫切

教皇西斯笃四世

乔瓦尼·迪·皮耶尔弗朗切斯科·德·美第奇

需求。所有的贷款都是从米兰的美第奇银行借来的。洛伦佐·德·美第奇甚至把卡法吉奥罗的美第奇别墅卖给了两个年轻的堂弟，也就是皮耶尔弗朗切斯科·德·美第奇的两个儿子洛伦佐·迪·皮耶尔弗朗切斯科·德·美第奇和乔瓦尼·迪·皮耶尔弗朗切斯科·德·美第奇。战争结束后，佛罗伦萨全面改革了财政措施，开始征收新税。但负责此事的特别委员会免除了洛伦佐·德·美第奇的新税，特别委员会知道洛伦佐·德·美第奇无力支付，暴露洛伦佐·德·美第奇糟糕的财政状况是对城市和政府的严重伤害。虽然洛伦佐·德·美第奇本人是特别委员会成员，但需要遵守宪法程序。有明确的记载表明，在讨论洛伦佐·德·美第奇的私事和关于他的免税问题的时候，洛伦佐·德·美第奇并不在场。

在这些暂时的不幸和个人失败背后，是15世纪下半叶贸易的普遍衰落。在发现通往东方好望角航线及改变贸易路线之前，由于国外竞争，意大利已不再是无可争议的欧洲商业中心了。日益增长的民族主义使外国商人受到当地人的仇视。佛罗伦萨商人再也不能在科茨沃尔德一带买羊毛来满足生产大批红布的需求，而红布是佛罗伦萨商人的主要出口物之一。为满足布业的需要，英格兰纺织行业对羊毛的需求增加了。进口禁令加大了寻找新市场的难度，银行家们也没那么容易找到有利可图的投资方式了。对佛罗伦萨的商人来说，还有一个不利之处是弗罗林金币的币值提高了，这就降低了美第奇银行用这种货币支付汇票的利润。洛伦佐·德·美第奇承袭了一种奢侈开支的传统。在这种不利的状况下，他的开支超出了公司承受能力。然而，处理日益重要的外交关系需要增加而不是减少开支，削减慈善和公共工程开支将会大失人心。因此，在洛伦佐·德·美第奇统治期间，他最忧虑的事情之一就是生意的兴衰。

然而，一个伟大的商业体系在其鼎盛时期过后的很长一段时间里，仍然会在某种程度上保持着繁荣。在洛伦佐·德·美第奇晚年，在经历了15世纪70年代的危机之后，美第奇家族的生意出现了复苏迹象。在教皇英诺森八世统治时期，洛伦佐·德·美第奇再次受到教皇的青睐，美第奇家族也恢复了"教皇银行家"的地位。1483年，洛伦佐·德·美第奇被任命为教皇英诺森八世在那不勒斯的侍从，这个职位有着丰厚的薪酬。由于洛伦佐·德·美第奇与斐迪南一世重修旧好，佛罗伦萨人成为那不勒斯最有特权的外国商人群体。1489年，托马索·波尔蒂纳里访问佛罗伦萨，恢复了和洛伦佐·德·美第奇的友好关系。托马索·波尔蒂纳里和克里斯托法诺·斯皮尼被派往英格兰王国大使馆，达成了一项重要的商业协议。一方面，英格兰王国同意船上装载的羊毛货物在比萨上岸，不运往威尼斯或热那亚。另一方面，佛罗伦萨承诺只有英格兰的船舶才有

教皇英诺森八世

权利把羊毛运到比萨。1490年的佛罗伦萨是洛伦佐·德·美第奇的代名词,这项和英格兰王国签署的重要协议可以被视为他职业生涯中最后一个重要的商业行为。

第6章
统治佛罗伦萨（1469—1478）

精彩看点

美第奇家族掌权的基础——洛伦佐·德·美第奇与朋友的关系——洛伦佐·德·美第奇和朱利亚诺·德·美第奇的关系——朱利亚诺·德·美第奇在马上大赛的表现——洛伦佐·德·美第奇关注改革——临时委员会成立——司法权的加强——佛罗伦萨属地问题——美第奇家族的乡村别墅——沃尔泰拉叛乱——沃尔泰拉叛乱的武力镇压——沃尔泰拉对洛伦佐·德·美第奇的憎恨

据一个匿名的同时代人说,美第奇家族在佛罗伦萨的统治地位是建立在三个基础之上的。首先是一群志同道合的朋友;其次是贸易行会的支持,而这种支持可以通过确保所有行会都能享有政府优待并获取商业利益;最后是民众的支持,民众的主要需求是安全、食物和娱乐。后来,在自己创作的戏剧《圣约翰和圣保罗的故事》中,洛伦佐·德·美第奇写道:"一个统治者如果不能让别人服从自己,他就没什么价值,尤其是在执政早期。"在洛伦佐·德·美第奇掌权之后的几年里,这三个基础都得到了维护和加强,他对佛罗伦萨的控制也得到了保证。美第奇家族结交朋友的方式是与佛罗伦萨的大家族联姻。在洛伦佐·德·美第奇获得政府统治权方面,托马索·索代里尼发挥了重要作用,他娶的是托尔纳博尼家的蒂儿娜拉·托尔纳博尼,视洛伦佐·德·美第奇为自己的外甥。皮耶罗·迪·科西莫·德·美第奇三个女儿的婚姻把罗西、帕齐和鲁切拉伊三大家族带进了美第奇家族。和鲁切拉伊家族的联姻意义重大,因为洛伦佐·德·美第奇的姐夫贝尔纳多·鲁切拉伊的父亲乔瓦尼·迪·保罗·鲁切拉伊与科西莫·德·美第奇的对手马泰奥·斯特罗齐有关联。贝尔纳多·鲁切拉伊把新娘卢克雷齐娅·德·美第奇带回到美丽的宫殿。在佛罗伦萨新维尼亚

贝尔纳多·鲁切拉伊

路的这座美丽的宫殿是由莱昂·巴蒂斯塔·阿尔伯蒂为鲁切拉伊家族设计建造的。从那时起，贝尔纳多·鲁切拉伊开始支持美第奇家族，这不言而喻。

洛伦佐·德·美第奇密切关注如何建立合适的联姻，以及如何防止在政治上不得人心的联姻。洛伦佐·德·美第奇的女婿一个是皮耶罗·里多尔菲，另一个是雅各布·萨尔维亚蒂，两人都是佛罗伦萨显赫家族的后代。此外，洛伦佐·德·美第奇还成功地弥合了美第奇家族两个分支的裂痕。在皮耶罗·迪·科西莫·德·美第奇的葬礼上，洛伦佐·德·美第奇与皮耶尔弗朗切斯科·德·美第奇达成和解。为了促进家族和睦，后来，洛伦佐·德·美第奇将女儿路易莎·德·美第奇许配给了皮耶尔弗朗切斯科·德·美第奇的小儿子乔瓦尼·迪·皮耶尔弗朗切斯科·德·美第奇。路易莎·德·美第奇在十一岁时死亡，洛伦佐·德·美第奇的愿望落空了。但在他有生之年，美第奇家族仍然和睦团结。直到洛伦佐·德·美第奇去世，家族纷争才以一种新的、更危险的形式再次爆发。

除了婚姻，洛伦佐·德·美第奇和朋友之间还有其他联系，而最重要的联系莫过于共同的学术和艺术兴趣。学者们可以自由使用美第奇家族私人图书馆，这是美第奇家族的慷慨之处。美第奇家族私人图书馆有一个登记册，上面登记着借方的名字和借的书目。时至今日，登记册仍被保存在佛罗伦萨的档案馆。除了一些名不见经传的人物名字，在登记册上还可以看到当时文坛一些领军人物的名字。有一页上就有马尔西利奥·费奇诺、乔瓦尼·拉斯卡里斯和

马尔西利奥·费奇诺

安杰洛·波利齐亚诺的签名。新柏拉图主义的领袖人物马尔西利奥·费奇诺是洛伦佐·德·美第奇在哲学领域的向导；乔瓦尼·拉斯卡里斯是一位学识渊博的希腊人，受雇为美第奇图书馆从东方收集手稿；安杰洛·波利齐亚诺因翻译《荷马史诗》的部分内容而得到了洛伦佐·德·美第奇的认可。安杰洛·波利齐亚诺本是托斯卡纳小镇蒙特普尔恰诺的一个穷孩子，在洛伦佐·德·美第奇的资助下接受教育，并成为他最好的朋友。在诗歌方面，只有安杰洛·波利齐亚诺能与洛伦佐·德·美第奇相匹敌，甚至超过了他。洛伦佐·德·美第奇的密友还有十四行诗诗人马泰奥·佛朗哥和路易吉·浦尔契。洛伦佐·德·美第奇称马泰奥·佛朗哥是美第奇家族最受欢迎的朋友之一。在众多的艺术家中，桑德罗·波提切利为自己是美第奇家族的服务者和门徒而感到自豪。米开朗琪罗雕塑生涯的起步也要归功于洛伦佐·德·美第奇。

在洛伦佐·德·美第奇时代，美第奇家族的朋友圈子既快乐又博学。在佛罗伦萨掌权时，科西莫·德·美第奇四十五岁，因其地位而受到尊重。皮耶罗·迪·科西莫·德·美第奇因身体不佳，生活被蒙上了一层阴影。现在，佛罗伦萨的公民代表是一个精力充沛、身体健康的年轻人，这在佛罗伦萨的历史上是第一次。洛伦佐·德·美第奇既喜欢享乐，也喜欢工作。洛伦佐·德·美第奇最好的伙伴是弟弟朱利亚诺·德·美第奇。朱利亚诺·德·美第奇身材高大魁梧，眼睛炯炯有神，黄褐色的皮肤，一头黑发。朱利亚诺·德·美第奇是一名优秀的运动员，对打猎和跳舞的兴趣不亚于音乐、诗歌和绘画，备受佛罗伦萨人的喜爱。尼科洛·马基雅维利对朱利亚诺·德·美第奇也不吝赞美之词，说他是"一个生来就拥有一切仁慈和友好的人"。有人认为洛伦佐·德·美第奇和朱利亚诺·德·美第奇之间存在竞争。但当代的证据证实了安杰洛·波利齐亚诺的说法，即他们彼此忠诚。正如安杰洛·波利齐亚诺用一句拉丁短句宣称的那样："洛伦佐，朱利亚诺，同心协力，活力充沛。"

朱利亚诺·德·美第奇与马尔科·韦斯普奇的妻子西莫内塔·韦斯普奇有着一段浪漫恋情。两人的爱情即使不像长期以来人们认为的那样，在桑德

米开朗琪罗向洛伦佐·德·美第奇展示一尊头部浮雕像

罗·波提切利的《春》中获得了不朽,但确实成了诗人的写作素材。在佛罗伦萨,据说,一个好笑话和一件精美的艺术品一样引人注目。洛伦佐·德·美第奇和朱利亚诺·德·美第奇都喜欢开玩笑,就像他们小时候在卡法吉奥罗使他们的乡间家园充满活力一样,他们的爱、笑声、歌声和运动让佛罗伦萨充满了活力。1475年的马上比武大赛可以说是最辉煌的时刻,朱利亚诺·德·美第奇是这场比赛的主角。和洛伦佐·德·美第奇当时的比赛一样,马上大赛的比赛场地也是在圣克罗切广场。朱利亚诺·德·美第奇的旗帜上有身穿金色长袍,手

桑德罗·波提切利

西莫内塔·韦斯普奇

持长矛和盾牌的帕拉斯形象,还有被绑在一棵橄榄树的树桩上的丘比特。丘比特站在鲜花盛开的草地上,脚下是弓和断箭。朱利亚诺·德·美第奇佩戴着心爱女人西莫内塔·韦斯普奇的信物进入了赛场,并荣膺冠军。在诗歌《比武篇》,安杰洛·波利齐亚诺赞美了这场比赛。与路易吉·浦尔契写的比武大赛不同,这首优美的诗歌没有详细描述马上大赛。诗歌主题是朱利亚诺·德·美第奇对爱情攻击的反抗,以及爱的最终胜利。当朱利亚诺·德·美第奇在战斗中取得胜利时,西莫内塔·韦斯普奇的幻影出现在他面前,但很快就隐藏在一片厚厚的云层中，暗示着她在第二年突然死亡。这首诗歌是文艺复兴时期佛罗伦萨田园诗的一个代表，是对洛伦佐·德·美第奇作为领袖取得成就的颂扬，是献给"幸福的月桂树，在她的树荫下，佛罗伦萨快乐而平静"。

洛伦佐·德·美第奇最早关注的问题之一是推行改革，使佛罗伦萨宪法成为一个更有效的执政工具。每两个月更换一次的执政团不可能实现强有力的统治，也不可能保证政策的连续性。执政团提出的措施要想成为法律，必须得到三个立法委员会的批准，这造成了让人无法容忍的立法拖延。然而，对佛罗伦萨人来说，委员会的多样性和每两个月更换一次的执政团是共和国自由的象征，是神圣不可侵犯的。洛伦佐·德·美第奇能做的就是修改现行制度，加快立法进程，确保每一届上任的执政团都能服从他。这些年来，执政官是由百人委员会指定的选举官挑选出来的。百人委员会可以修改统治派别呈递上来的候选者名单。局面变得难以控制，统治者对此不能接受。1470年，有人提议将自1434年起担任选举官的四十名公民的名字和另外五个人的名字放进一个袋子里，然后每年从袋子里抽取五个人的名字，构成一个五人委员会，由这个五人委员会来推选执政团。立马有人提出了抗议，说是这座城市正被移交给四十五个僭主。提议被否决了。

1471年，通过不同的方式达到了同样的目的。执政团任命了一个临时委员会，通过增选扩展到二百四十名成员。该临时委员会的职责是重新审核那些有资格担任公职的人，选举出未来五年的执政官，改组百人委员会，使其有权批准影响公共利益的法律，而不必考虑其他委员会的意见。这些变化是在议会的认可下生效的，从1476年延续到了1481年。因此，这在很大程度上保证了美第奇家族在未来一段时间对政府的掌控。即使是这种小规模的中央集权也需要复杂的手段，这教会了洛伦佐·德·美第奇小心地防范外界察觉自己的专制。然而，从写给洛伦佐·德·美第奇的信中可以清楚地看出，他的意见被认为是做出任命的决定性因素。一个公民写信对自己被排除在临时委员会之外表示谴责；另外一个公民则恳求说，自己有一个大家族，如果能成为正义旗手,对洛伦佐·德·美第奇会有很大帮助。洛伦佐·德·美第奇的日常工作就是处理这些诉求,以便尽可能满足请愿者,同时避免让任何一个公民变得过于强大。

当时,还有一项改革是加强司法部的权力,并将其权力扩大到乡村地区。一个叫巴杰罗·德尔·孔塔多的警察局局长配备了骑警,负责维护秩序,留意佛罗伦萨是否有叛乱迹象。和大多数意大利城邦一样,管理领地一直是佛罗伦萨政府的软肋。有着悠久的独立传统的城市憎恨被共和国敌人统治。乡下居民没有公民权。佛罗伦萨人把他们看作食物和收入的主要来源。乡下人把玉米、葡萄酒和油带到城里,佛罗伦萨人借此征收通行税。

洛伦佐·德·美第奇掌权后不久,普拉托发生了一起威胁佛罗伦萨的事件。这起事件的起因是佛罗伦萨城外长期的不满情绪。曾参与内罗尼阴谋的贝尔纳多·纳尔迪和一群流亡者突袭了普拉托,占领了市政厅,囚禁了佛罗伦萨派驻到普拉托的行政长官。贝尔纳多·纳尔迪站在市政厅阳台上向普拉托公民发表演说,回顾普拉托曾经的自由,要求他们反抗压迫者。当自己的话没有得到即时的回应时,贝尔纳多·纳尔迪威胁说要把行政长官从市政厅的窗户上绞死。但这位叫切萨雷·彼得鲁奇的行政长官机智勇敢,主动要求亲自给公民讲话,因为他是公民习惯服从的人。切萨雷·彼得鲁奇的行动给了来自罗得岛的一个年轻骑士一些时间。这位骑士刚好在普拉托招募志愿者,于是在志愿者的帮助下打败了贝尔纳多·纳尔迪和他的支持者。因此,一场可能导致托斯卡纳起义的运动被镇压了。因为当时贝尔纳多·纳尔迪已经煽动起农民的不满情绪,为起义打下了基础。普拉托事件本来可以促使新的警察机构的设立,但洛伦佐·德·美第奇处理附属领地问题时采用的方法不是使用武力,而是让自己受到当地人的欢迎。保持并进一步拓展佛罗伦萨的属地,是洛伦佐·德·美第奇最重要的成就之一。美第奇家族覆灭后,佛罗伦萨统治下的所有领地都陷入了混乱,这证明了美第奇家族的统治深得人心。

在托斯卡纳地区所有受佛罗伦萨管辖的城市中,没有哪一个城市比比萨更憎恨佛罗伦萨的统治。12世纪,佛罗伦萨还没有从托斯卡纳伯爵的统治下解放出来。比萨与热那亚、威尼斯齐名,都是意大利强大的海上共和国。比萨人与热那亚人一起把撒拉逊人赶出了撒丁岛,并在岛上建立了商业霸权。比萨的船舶参加了前三次十字军东征,开辟了与东方的贸易道路。13世纪,比萨开始走下坡路。1284年,在梅洛里亚岛海战中败给热那亚后,比萨的好日子就结束了。1406年,与佛罗伦萨的背水一战,比萨也以失败告终。比萨人为自己失去的自由一直耿耿于怀,直到洛伦佐·德·美第奇将比萨人的思想转到一个新的方向,让他们回想起古老的大学。根据1472年的规定,比萨大学被确立为佛罗伦萨领地的重点大学。作为比萨大学的主要董事之一,洛伦佐·德·美第奇努力为他设立的新基金会争取出色的教授,派遣自己的儿子乔瓦尼·迪·洛伦佐·德·美第奇到比萨大学学习,让儿子为教会生涯做准备。如前文叙述的,洛伦佐·德·美第奇尽最大努力将比萨发展成一个港口城市,并在附近购买了大量地产。在比萨城内,美第奇家族有一座房子,房子的花园一直延伸到亚诺河。洛伦佐·德·美第奇经常和家人住在那里。因此,洛伦佐·德·美第奇在比萨建立了个人关系,这是赢得人心的最可靠手段。在洛伦佐·德·美第奇的支持下,对比萨这样一个被过去的记忆困扰的城市来说,已经十分满足了。

卡森迪诺是后来加入佛罗伦萨的一个自治领地。亚诺河就是从美丽的卡森迪诺山谷流向阿雷佐的。1440年,在安吉亚里战役中,卡森迪诺山谷从波皮伯爵弗朗切斯科·德·圭迪手中被夺了过来。在安吉亚里战役中,波皮镇站在了佛罗伦萨的敌人一边。波皮城堡现在成了佛罗伦萨派驻到卡森迪诺的行政长官所在地。这些行政长官的纹章现在仍然被挂在当地城墙上。卡森迪诺山的上方是由圣罗穆亚尔德修建的卡马尔多利修道院。当时,修道院院长是马里奥托·阿莱格里,一位热情的柏拉图主义者,是洛伦佐·德·美第奇的朋友。在夏季的几个月里,柏拉图学院的成员们作为修道院院长的客人到修道院聚会。洛伦佐·德·美第奇和朱利亚诺·德·美第奇也是柏拉图学院的成员,和众人一起坐在大树的树荫下,在潺潺的山溪声中思考哲学。在山的更高处,有一个叫

1284年的梅洛里亚岛海战

俄勒莫的地方，住着一群修道士。每个修道士都有自己的小屋，这些修道士聚在一起只是为了侍奉天主，这是他们从11世纪到现在每天的工作。

美第奇家族和卡森迪诺还有一个紧密联系是比别纳镇。这个小镇上的主要家族——达维兹家族——为美第奇家族提供了忠实的仆人。皮耶罗·达·比别纳是洛伦佐·德·美第奇的私人秘书，他的弟弟贝尔纳多·达维兹是洛伦佐·德·美第奇的二儿子乔瓦尼·迪·洛伦佐·德·美第奇——未来的教皇利奥十世的家庭教师和秘书。达维兹家族的一个叫安东尼奥的成员经常被洛伦佐·德·美第奇派去执行外交任务。达维兹家族对赞助人的忠诚经受住了逆境

贝尔纳多·达维兹

的考验。在美第奇家族被逐出佛罗伦萨之后，支持美第奇家族的人数不断上升，其中心就在比别纳，而达维兹家族则是其倡导者。

美第奇家族建立的一些乡村别墅拉近了乡村和城市的关系，具有十分重要的政治意义。对穆杰罗的农民来说，美第奇家族是当地的领主。在丰收或葡萄酒酿造的季节，美第奇家族会给农民们带来好运，所以农民们满心骄傲且兴致勃勃地追随着美第奇家族。在皮斯托亚途中的波焦阿卡伊阿诺镇和沃尔泰拉附近的斯佩达莱托建造别墅时，洛伦佐·德·美第奇就意识到了这些对自己忠诚的城镇的价值。洛伦佐·德·美第奇的儿子乔瓦尼·迪·洛伦佐·德·美第奇八岁时成了低级神品后，就开始寻找有俸圣职，目的是增加美第奇家族的土地和收入，加强美第奇家族在托斯卡纳等地区的影响力。美第奇家族被附属领地视为它们的私人领主。人们更喜欢美第奇家族的统治，而不是一个侵犯自己利益的共和国。在许多乡村地区，美第奇家族声名远扬，广受欢迎。

沃尔泰拉叛乱及其被镇压的故事是洛伦佐·德·美第奇成功处理佛罗伦萨属地问题的一个悲惨例外。这件事是洛伦佐·德·美第奇无法抹去的污点。直到今天，关于这一事件的每一种说法都有党派之争的特点。在导致叛乱复杂化的具体问题中，除了佛罗伦萨与属地的紧张关系和洛伦佐·德·美第奇个人对开采明矾的兴趣，沃尔泰拉的派系之争也是重要原因之一。1361年，沃尔泰拉首次被置于佛罗伦萨的保护之下。从那时起，沃尔泰拉就有了一位从佛罗伦萨派遣来的常驻地方长官，沃尔泰拉每年要向佛罗伦萨进贡。在其他方面，沃尔泰拉仍然是一个自治区，有民选的地方法官和委员会。1470年，一个由三个佛罗伦萨人、三个锡耶纳人和两个沃尔泰拉人组成的私营公司获得了在沃尔泰拉开采明矾的合同。沃尔泰拉总委员会批准了该特许权，但合同的合法性受到了质疑，理由是委员会的决定没有得到一致通过。1471年6月，沃尔泰拉新当选的地方法官占领了矿山，赶走了公司的工人和官员。这时，佛罗伦萨出面干涉，从执政团派了一名使者去恢复明矾持有人的特许权。由于遭到沃尔泰拉敌对派系的强烈抵抗，公司将一些人派往佛罗伦萨。至此，争执主要是局部的。

公司里的两个沃尔泰拉人——保罗·因吉拉米和贝内代托·里科巴尔迪是寡头政治家,他们希望得到佛罗伦萨和美第奇家族的支持。或许,保罗·因吉拉米的目标是成为城主。反对他们的是由弗朗切斯科·科尔图蒂领导的许多沃尔泰拉市民和农民。弗朗切斯科·科尔图蒂是共和、自由的拥护者,是保罗·因吉拉米的死敌。

纷争开始后,洛伦佐·德·美第奇写信给佛罗伦萨常驻沃尔泰拉地方长官,敦促他要机智,小心不要惹怒沃尔泰拉人。最后,沃尔泰拉当局请洛伦佐·德·美第奇仲裁纠纷。1472年2月,洛伦佐·德·美第奇做出了有利于公司的决定。明矾是佛罗伦萨布料生产中的一个重要原料。由于美第奇家族拥有托尔法教皇明矾矿的特许权,本身对明矾供应就很感兴趣。如果沃尔泰拉的矿藏掌握在朋友手中,显然对洛伦佐·德·美第奇有利。他虽然不是那个开采明矾矿公司的一员,但可以与公司合作。这家公司的佛罗伦萨成员中有一个叫吉诺·卡波尼的人,他的家族从未屈从于美第奇家族。这一切都表明尽管这家公司对洛伦佐·德·美第奇很友好,但洛伦佐·德·美第奇没有控制公司,所以沃尔泰拉当局毫无保留地接受了洛伦佐·德·美第奇的调查结果。显然,最初沃尔泰拉人反对特许权的理由是价格太低了。然而,当该公司自愿拿出一大笔钱时,人们在政治上的热情开始高涨。公司的提议遭到了拒绝。现在沃尔泰拉当局的愿望主要是找到解决办法,平息内乱。但和平的希望因保罗·因吉拉米和贝内代托·里科巴尔迪的挑衅而破灭。在一名武装警卫的陪同下,他们占领了明矾矿,大声吹嘘自己的胜利。于是,一场民众起义爆发了。保罗·因吉拉米和岳父躲在佛罗伦萨常驻沃尔泰拉地方长官的房子里,被暴徒抓住并杀害。驻沃尔泰拉的地方长官立即将保罗·因吉拉米派系的一些成员转移到城外安全的地方,撤换了反对派领导人,为恢复和平与秩序做出了努力。

与此同时,洛伦佐·德·美第奇做出了一个致命决定——用武力镇压暴动。洛伦佐·德·美第奇既生气又害怕,他的朋友们被刺杀了。佛罗伦萨的流放者鼓动叛军与他们一起为推翻美第奇家族努力。沃尔泰拉主教安东尼奥·德利·阿利代表许多爱好和平、有良好意愿的公民向洛伦佐·德·美第奇恳求,敦促他恢复秩序,不要诉诸武力。一些头脑冷静的佛罗伦萨人也持同样的观点。然而,洛伦佐·德·美第奇主意已定,让乌尔比诺公爵费德里科·达·蒙泰菲尔特罗带五千人去攻打沃尔泰拉,命令他尽快完成任务。沃尔泰拉的反叛者则招募雇佣军,向邻国求援,他们甚至提出把沃尔泰拉交给那不勒斯国王斐迪南一世,以换取他的帮助。然而,没有任何国家愿意给他们提供有效帮助。不到一个月,沃尔泰拉的反叛者认识到必须屈服。双方商定了投降条件,要保证公民生命和财产安全。听到这个消息后,洛伦佐·德·美第奇写信给随军的佛罗伦萨代表,表示在没有遭受任何损失的情况下控制了沃尔泰拉,他很高兴。

然而,在洛伦佐·德·美第奇的信到达佛罗伦萨代表手里之前,沃尔泰拉已经被洗劫一空。人们一直不清楚洗劫是何时、以何种方式开始的。传统说法是沃尔泰拉的雇佣兵让佛罗伦萨军队进了城,和他们一起抢劫。派系之间的冲突可能加剧了人们的愤怒。费德里科·达·蒙泰菲尔特罗没有采取任何措施约束他的士兵。在士兵们的狂怒之下,不幸的市民们生命受到了威胁,遭受了巨大的财产损失。有人曾试图指出洛伦佐·德·美第奇应该对洗劫负责。然而,所有人都知道,没有什么比抢劫更能损害洛伦佐·德·美第奇的利益了。胜利的喜悦被可怕的消息迅速浇灭了,洛伦佐·德·美第奇告诫费德里科·达·蒙泰菲尔特罗和佛罗伦萨代表要尽一切可能解决问题,撤军并惩罚不法分子。洛伦佐·德·美第奇对这场灾难的责任并不比神圣罗马帝国皇帝查理五世对罗马被洗劫的责任大。雇佣军的贪婪和暴力,以及指挥官执行纪律的无力,是酿成悲剧的直接原因。

虽然洛伦佐·德·美第奇为减轻痛苦和赔偿损失慷慨解囊,但造成的伤害是无法弥补的。沃尔泰拉成了一个充满仇恨的巢穴。后来,为了控制沃尔泰拉专门建立了一座城堡,沃尔泰拉的许多特权被收回,佛罗伦萨接管了它的领土。至于引起麻烦的明矾矿,已由佛罗伦萨羊毛行会接管。羊毛行会委托原公司的一些人开采明矾矿。不久之后,由于技术困难,采矿停止了。后来,教皇西斯笃四世收回美第奇家族的采矿特许权后，佛罗伦萨明矾短缺时，采矿又开始了。但在1483年，采矿因成本太高最终被放弃了。沃尔泰拉这场灾难的可悲之处在于它本可以轻易被避免，但在关键时刻，敌意和恐惧压倒了和平意图。洛伦佐·德·美第奇是那些在关键时刻激情战胜理智的人之一。他没能坚持住自己的原则，采用了强制而不是努力说服的方式去维护属地的统治。洛伦佐·德·美第奇的行为招致了沃尔泰拉人永远的憎恨。

第7章
外交关系(1469—1478)

精彩看点

佛伦洛萨的内外形势——罗马涅长期动乱的影响——佛罗伦萨、米兰和那不勒斯的联盟——教皇的更替——佛罗伦萨的客人——洛伦佐·德·美第奇与新教皇西斯笃四世的友好关系——洛伦佐·德·美第奇与教皇西斯笃四世关系破裂——教皇西斯笃四世的私心——意大利北部米兰和威尼斯的敌对——洛伦佐·德·美第奇陷入危机在洛伦佐·德·美第奇统治初期，国内外形势对他来说都比较有利。国内外形势也在互相影响。正如费拉拉的一位大使指出的那样，在很大程度上，洛伦佐·德·美第奇在佛罗伦萨的声誉取决于外国势力对他的尊重。与以往一样，当一个城邦和相邻各城邦的野心产生冲突时，如何维持和平就成了外交政策的难题，意大利的所有统治者都意识到只有和平才符合各自的最大利益。罗马涅被称为意大利的"神经系统"，可以说非常贴切。因为长期以来，罗马涅一直是纷争源头。罗马涅被当地的一些领主统治，其中包括里米尼的马拉泰斯塔家族、伊莫拉和法恩扎的曼弗雷迪家族、弗利的奥德拉弗家族和佩萨罗的斯福尔扎家族。这些家族虽然承认教皇的宗主权，但想尽办法使宗主权无效。公民对分裂主义的狂热有助于统治者继续掌权，但公民因要维持一个城邦统治者的奢华生活而痛苦不堪。公民的不满情绪很容易演变成叛乱。教皇没有足够的军事力量，无法直接统治一些地区。因此，教皇承认一些领主是各自城市教会的神父，通过这种方式，教皇可以调停自己无法掌控的局势。与此同时，教皇也在寻找机会，使自己能够直接统治领主的属地。

罗马涅的长期动乱诱使邻国为了各自目的进行干预。威尼斯已经拥有了拉韦纳和切尔维亚。拉韦纳的重要性在于其亚德里亚海港。切尔维亚的重要性在于其盐场，但威尼斯仍然希望获得其他城市。佛罗伦萨和米兰都试图通过保护一些领主获得在罗马涅的影响力。法恩扎管辖拉莫内河谷，守卫着拉莫内河谷到亚得里亚海的便捷通道，促进了佛罗伦萨与东方的贸易。曼弗雷迪家族欣然接受了佛罗伦萨作为自己的赞助人。弗朗切斯科·斯福尔扎一世为弟弟亚历山德罗·斯福尔扎买下了佩萨罗城，建立了一个同盟王朝。维护博洛尼亚的本蒂沃利奥政权对保持博洛尼亚及其邻国独立都意义重大，斯福尔扎家族和美第奇家族都认可这一点。1445年，安尼巴莱一世·本蒂沃利奥遇刺身亡后，没有一个年龄合适的家族成员能够接替他的职位。科西莫·德·美第奇鼓励安尼巴莱一世·本蒂沃利奥的堂弟圣本蒂沃利奥放弃佛罗伦萨的羊毛商工作，接受博洛尼亚人的邀请，成为博洛尼亚共和国的第一公民。圣本蒂沃利奥的成功统治在很大程度上归功于科西莫·德·美第奇的帮助，而不是弗朗切斯科·斯福尔扎一世的支持。弗朗切斯科·斯福尔扎一世把自己的侄女吉尼弗拉·斯福尔扎嫁给了圣本蒂沃利奥。圣本蒂沃利奥死后，安尼巴莱一世·本蒂沃利奥的儿子乔瓦尼二世·本蒂沃利奥不仅继承了圣本蒂沃利奥在博洛尼亚的权力，还娶了他的遗孀吉尼弗拉·斯福尔扎。1467年，为了让乔瓦尼二世·本蒂沃利奥拥有一支武装部队的指挥权，佛罗伦萨、米兰和那不勒斯让乔瓦尼二世·本蒂沃利奥加入了它们的联合部队，这三个国家每年各为乔瓦尼二世·本蒂沃利奥的雇佣军提供一千个金币。佛罗伦萨、米兰和那不勒斯对罗马涅的联合干预既没有取悦教皇，也没有取悦威尼斯，但无疑为和平事业做出了贡献。1469年夏天，里米尼事件差点引起一场全面战争。该事件的结束展示了佛罗伦萨、米兰和那不勒斯协同行动的成果。

　　洛伦佐·德·美第奇开始执政时，里米尼纷争已经停止，罗伯托·马拉泰斯塔控制了里米尼。此后的一年里，意大利进行了艰苦的外交活动。1470年12月，教皇保罗二世承认罗伯托·马拉泰斯塔为教皇的代理人，宣布了意大利的全面和平。最有意思的一点是佛罗伦萨、米兰和那不勒斯都宣称它们的联盟与

吉尼弗拉·斯福尔扎

1455年的意大利联盟目标相同，即争取意大利和平，这是它们在正式续签友好协议时提出的。三方的外交信函也体现了这一点，三方都为共同事业做出了自己的贡献。洛伦佐·德·美第奇指示自己的特使请求教皇保罗二世承认罗伯托·马拉泰斯塔为教皇代理人，理由是这将消除争斗，为联盟复兴铺平道路。那不勒斯敦促米兰为了团结尽早消除与威尼斯的分歧。米兰公爵加莱亚佐·马里亚·斯福尔扎向教皇保罗二世保证三方联盟非常重视包括里米尼在内的意大利所有列强的和平。土耳其人占领内格罗蓬特后，意大利的机会来了。如今，威尼斯迫切地渴望国内和平。意大利的所有列强都意识到有必要对日益强大的威胁——威尼斯形成统一战线。因此，教皇保罗二世使1455年联盟重新成立。可当危险减少后，意大利列强的对抗又开始了，联盟再次被打破。所有列强都真诚地相信联盟是维护和平最可靠的手段，但每个列强为了维护自己的利益，坚持联盟时都有保留。洛伦佐·德·美第奇第一年的外交经历决定了未来的政策路线，他的目标永远是意大利和平。为了维护和平，洛伦佐·德·美第奇希望三方联盟能够按照联盟的原则行事。洛伦佐·德·美第奇认识到小国，尤其是罗马涅地区小国的独立企图将会导致全面战争，他自封为小国的捍卫者和守护者。

佛罗伦萨、米兰和那不勒斯之间的关系从来没有像联盟复兴后那样友好过。1471年，在佛罗伦萨，加莱亚佐·马里亚·斯福尔扎夫妇进行了为期八天的访问。加莱亚佐·马里亚·斯福尔扎随员约有两千人，贵族和朝臣们都穿金戴银，仆人也穿着新的丝绸套装。为了在旅途中打猎，拥有一个愉快的旅途，加莱亚佐·马里亚·斯福尔扎还带了狗、猎鹰和老鹰。佛罗伦萨人从未见过如此盛况。他们和佛罗伦萨的统治者一样，对访问者的行为特别感兴趣。尽管有人对招待这么一大队人马的费用颇有微词，但总体来说，加莱亚佐·马里亚·斯福尔扎等人还是感到宾至如归的。加莱亚佐·马里亚·斯福尔扎和夫人萨伏依的博纳是美第奇家族的客人。与他们一起来的还有加莱亚佐·马里亚·斯福尔扎的私生女卡特琳娜·斯福尔扎，她大约八岁。后来，卡特琳娜·斯福尔扎与美第

内格罗蓬特

奇家族的关系一直不太愉快，但她从未忘记第一次访问佛罗伦萨的经历。佛罗伦萨的美丽和拉尔加街宫殿里的珍宝都给卡特琳娜·斯福尔扎留下了深刻的印象。加莱亚佐·马里亚·斯福尔扎看到的绘画、雕塑、珠宝和花瓶都很讲究，他忍不住感叹说，不管花多少钱，都不可能弄到可以和佛罗伦萨相媲美的收藏品。米兰人进城时，佛罗伦萨人唱了赞美米兰人的歌曲，在不同教堂连续三天上演了神圣戏剧。这充分展现了佛罗伦萨人的才华。在圣灵教堂举行的圣灵降临仪式上，一场大火把几年前由菲利波·布鲁内莱斯基建造的教堂给烧毁了。在这次灾难中，佛罗伦萨人看到了上帝对米兰人亵渎神灵的不满。尽管是

卡特琳娜·斯福尔扎

大斋节,但米兰人每天都要吃肉。安东尼奥·德尔·波拉约洛为加莱亚佐·马里亚·斯福尔扎画的精美肖像画是对这一历史事件的永久纪念。长久以来,这幅肖像画一直悬挂在美第奇宫中,现在被乌菲齐美术馆收藏。

1471年下半叶,教皇保罗二世去世。弗朗切斯科·德拉·罗韦雷成为教皇,称西斯笃四世。洛伦佐·德·美第奇率领佛罗伦萨代表团向新教皇表示祝贺,受到了诚挚的接待。美第奇家族仍然被任命为"教皇银行家",美第奇家族在托尔法的明矾矿开采特许权也得到了继续和扩大。洛伦佐·德·美第奇被允许以适中价格从教皇保罗二世的收藏品中购买宝石和浮雕,他还收到了教皇西斯笃四世送给他的两尊大理石半身像。不久,教皇西斯笃四世的外甥彼得罗·里亚里奥被任命为佛罗伦萨大主教。洛伦佐·德·美第奇和教皇西斯笃四世之间的友好关系是确定无疑的。在当选之前,教皇西斯笃四世是方济各会的会士,但他的人生和圣方济各的人生并没有什么共同之处。教皇西斯笃四世的主要兴趣是艺术赞助,还有就是自己众多里亚里奥外甥和德拉·罗韦雷侄子们的升官发财。

阿拉贡的莱昂诺拉在去费拉拉与埃尔科莱一世·德·埃斯特完婚时,途经罗马。彼得罗·里亚里奥为她举行了一场盛大宴会。宴会风格体现了罗马教廷在教皇西斯笃四世统治时期半异教徒式的奢华氛围。宴会的糖果糕点再现了古典神话中的场景。一首为此而写的诗歌讲述了众神因忙于在枢机主教餐桌上服务而不能参加朱庇特的会议。阿拉贡的莱昂诺拉的婚礼之旅是文艺复兴时期最盛大的巡行之一。阿拉贡的莱昂诺拉在佛罗伦萨受到了最荣耀的接待,她在佛罗伦萨逗留的时候正好赶上了圣约翰节。圣约翰节是佛罗伦萨一年中最喜庆的日子。阿拉贡的莱昂诺拉一到,佛罗伦萨为了款待她表演了七场展现天主教秘密宗教仪式的戏。圣约翰节前夜,阿拉贡的莱昂诺拉观看了以执政团为首的行会游行,游行队伍正前往洗礼会祭坛去献礼。第二天,一年一度的赛马会开始了。在拥挤的街道上,骑着马的骑士们疾驰而过。整个佛罗伦萨热闹而快乐。晚上,执政团举行宴会。洛伦佐·德·美第奇和弟弟朱利亚诺·德·美第奇在宴会上招待宾客。在一封给朋友的信中，阿拉贡的莱昂诺拉描述了这一切。那不勒斯国王斐迪南一世也对此向洛伦佐·德·美第奇表达了感激之情。他说阿拉贡的莱昂诺拉的快乐加深了他对洛伦佐·德·美第奇的感情。不久之后，佛罗伦萨迎来了一位比较严肃的客人——丹麦的克里斯蒂安一世。克里斯蒂安一世来佛罗伦萨主要是为了看一份从君士坦丁堡送来的希腊福音手稿。他拒绝一切仪式，他的随从的朴素与米兰和那不勒斯人的豪华形成了鲜明的对比。佛罗伦萨的一些智者对克里斯蒂安一世的庄重和简朴表示赞许。

丹麦的克里斯蒂安一世

法兰西安茹的勒内

令洛伦佐·德·美第奇非常满意的是法兰西国王路易十一对他表现出的信心。1464年,法兰西人安茹的勒内因无法赢得那不勒斯王位,从意大利撤军。之后,路易十一对意大利各国采取了新政策,不再坚持法兰西总督对那不勒斯和米兰的主权主张,而是通过与意大利列强建立友好关系来增强自己在阿尔卑斯山脉以南的影响力。此时,加莱亚佐·马里亚·斯福尔扎已将热那亚看成法兰西王国的封地,娶了路易十一的妻妹萨伏依的博纳为妻,美第奇家族则被赋予了佩戴法兰西王室盾徽的权利。1473年,路易十一再次写信给洛伦佐·德·美第奇，请洛伦佐·德·美第奇帮助他与斐迪南一世就法兰西王国太子查理^①与那不勒斯公主的婚姻展开谈判。这是两大王位争夺者和解的第一步，但谈判最终以失败告终。路易十一还建议洛伦佐·德·美第奇派一名秘密代理人去法兰西宫廷，说代理人会为他们两个提供一个有效的沟通渠道，但必须告诫代理人不要与路易十一的敌人过于亲密。在信的结尾，路易十一还要求一条大狗来陪伴和保护自己。

太子查理

---

① 即后来的查理八世。——译者注

洛伦佐·德·美第奇与教皇西斯笃四世的"蜜月期"很快就结束了。没过几年,昔日朋友就成了死敌。教皇西斯笃四世实行裙带关系,范围之大,史无前例。他的教士侄子和外甥中至少有六个被任命为枢机主教,目的是通过让自己的侄子和外甥们成为各城邦教会头领来供养家族中的在俗教徒。伊莫拉的麻烦开始了,它被伊莫拉领主塔代奥·曼弗雷迪卖给了加莱亚佐·马里亚·斯福尔扎。洛伦佐·德·美第奇认为,正如由曼弗雷迪家族统治的法恩扎城一样,曼弗雷迪家族统治的伊莫拉也在自己的势力范围内。洛伦佐·德·美第奇已经开始为佛罗伦萨收购伊莫拉进行谈判。这时,教皇西斯笃四世介入了谈判,为外甥吉罗拉莫·里亚里奥买下了伊莫拉,也为吉罗拉莫·里亚里奥和加莱亚佐·马

教皇西斯笃四世与吉罗拉莫·里亚里奥(左二)及朝臣

里亚·斯福尔扎的女儿卡特琳娜·斯福尔扎的婚姻做好了准备。为了购买伊莫拉，教皇西斯笃四世需要筹集四万个达克特金币，洛伦佐·德·美第奇使教皇西斯笃四世的筹款计划困难重重。教皇西斯笃四世为了报复，把自己在美第奇银行的账户转移到了美第奇竞争对手那里。当教皇西斯笃四世的军队把尼科洛·维泰利逐出卡斯泰河洛城时，又引起了一场争端。卡斯泰洛城坐落在靠近佛罗伦萨边界的台伯河谷，独立地位受到威胁。洛伦佐·德·美第奇立即援助了尼科洛·维泰利，他尽管无法阻止尼科洛·维泰利被驱逐，但在佛罗伦萨的领土上庇护了尼科洛·维泰利，让他在佛罗伦萨等待着重新掌权的机会。

尼科洛·维泰利

乔瓦尼·德拉·罗韦雷

与此同时，教皇西斯笃四世为了达到目的，又任命自己的另一个侄子乔瓦尼·德拉·罗韦雷为西尼加利亚的教皇代理人和罗马总督。教皇西斯笃四世还安排了乔瓦尼·德拉·罗韦雷与乌尔比诺公爵费德里科·达·蒙泰菲尔特罗长女焦万纳·迪·蒙泰菲尔特罗的婚姻。正是因为此次联姻，后来，乌尔比诺成了乔瓦尼·德拉·罗韦雷的财产。现在，洛伦佐·德·美第奇和教皇西斯笃四世之间的敌对情绪愈演愈烈。洛伦佐·德·美第奇竭力反对让吉罗拉莫·里亚里奥和乔瓦尼·德拉·罗韦雷统治教会各城邦，自己继续充当本地领主的捍卫者。教皇西斯笃四世曾经特意向洛伦佐·德·美第奇示好，甚至在一定程度上帮助他对付沃尔泰拉。作为回报，他期望得到洛伦佐·德·美第奇的合作，结果却发现洛伦佐·德·美第奇是他前进道路上的主要障碍。1474年，彼得罗·里亚里奥的突然去世将洛伦佐·德·美第奇和教皇西斯笃四世之间的争端扩展到了教会领域。教皇西斯笃四世提议任命弗朗切斯科·萨尔维亚蒂·里亚里奥为佛罗伦萨大主教的继任者。但洛伦佐·德·美第奇则请求任命自己的内兄里纳尔多·奥尔西尼为佛罗伦萨大主教。教皇西斯笃四世后来同意了洛伦佐·德·美第奇的要求。当教皇西斯笃四世以补偿的方式提名自己的外甥弗朗切斯科·萨尔维亚蒂·里亚里奥为比萨大主教时,佛罗伦萨政府断然拒绝让他拥有主教教区。洛伦佐·德·美第奇反对弗朗切斯科·萨尔维亚蒂·里亚里奥的理由尚不清楚,但他认为任命弗朗切斯科·萨尔维亚蒂·里亚里奥违反了一项承诺,即在佛罗伦萨领土上任命主教需征得执政团的同意。教皇西斯笃四世对洛伦佐·德·美第奇的这种专横行为感到愤怒,因为教皇西斯笃四世任命的人无法进入大主教辖区。佛罗伦萨和罗马之间的裂痕进一步扩大。

在意大利北部,米兰和威尼斯之间仍然充满敌意。双方都希望以牺牲对方为代价来扩张自己的疆域。因此,在洛伦佐·德·美第奇的努力下,佛罗伦萨、米兰和威尼斯组成了一个联盟,规定教皇和那不勒斯如果同意就可以加入。这对和平事业似乎是一个有价值的贡献。然而,这个联盟非但没有为和平做出贡献,反倒促成了罗马和那不勒斯之间的反联盟。教皇西斯笃四世抗议说,联盟的目的是为了孤立自己。斐迪南一世也很生气,自己的朋友们竟然没有和自己商量就采取了行动,威尼斯和那不勒斯在亚得里亚海是死敌。佛罗伦萨和那不勒斯之间的友好关系暂时保持,但不像以前那样和谐了。意大利联盟重新成立四年后,列强们被分成两个相互猜疑的集团。

1476年圣诞节期间,加莱亚佐·马里亚·斯福尔扎在即将进入圣斯特凡诺教堂时被三名年轻公民暗杀。加莱亚佐·马里亚·斯福尔扎继承了他的维斯孔蒂祖先很多让人讨厌的特征。他残忍、淫乱、报复心强,但与他的军人父亲弗朗切斯科·斯福尔扎一世相比,他在军事才能上并不出众。然而,加莱亚佐·马里亚·斯福尔扎是一个有能力的统治者,还是挺受臣民欢迎的。暗杀者受到理想、自由之爱的鼓舞,相信市民们会抓住机会摆脱暴君的枷锁,但米兰人的第

刺杀加莱亚佐·马里亚·斯福尔扎

一个念头是为加莱亚佐·马里亚·斯福尔扎复仇。七岁的吉安·加莱亚佐·斯福尔扎是加莱亚佐·马里亚·斯福尔扎的儿子,洛伦佐·德·美第奇也参加了他的洗礼。在母亲萨伏依的博纳的监护下,吉安·加莱亚佐·斯福尔扎立刻被封为米兰公爵。教皇西斯笃四世听到消息后,说:"意大利和平已死。"没有人比洛伦佐·德·美第奇更能充分地认识到教皇西斯笃四世这番话的真实意思。加莱亚佐·马里亚·斯福尔扎一直是洛伦佐·德·美第奇真诚的朋友,衷心认为佛罗伦萨和米兰需要合作。在接下来的几年里,米兰的实力因为加莱亚佐·马里亚·斯福尔扎遗孀萨伏依的博纳与大臣吉安·加莱亚佐·斯福尔扎的叔叔们之间的不和而被削弱。因此,维护意大利的和平难以依赖米兰的力量。就在不久前,意大利所有大型城邦国家都还是洛伦佐·德·美第奇的朋友。现在,洛伦佐·德·美第奇面临人生中最大的危机,他几乎孤立无援。

第8章
帕齐阴谋

精彩看点

帕齐家族——科西莫·德·美第奇对帕齐家族的帮助——帕齐家族对美第奇家族的反抗——密谋——谋杀行动——佛罗伦萨人对洛伦佐·德·美第奇的支持——教皇西斯笃四世和那不勒斯向佛罗伦萨宣战——米兰和威尼斯帮助佛罗伦萨——战争结束——战争的后续影响

1776年，剧作家维托里奥·阿尔菲耶里创作了《帕齐阴谋》。作品灵感来自作者的一种强烈愿望，即希望看到意大利从外国人的枷锁中解放出来，成为一个统一而独立的国家。在维托里奥·阿尔菲耶里的作品中，他刻画的帕齐家族也有类似的愿望，即把佛罗伦萨从暴君手中解放出来。然而，1478年佛罗伦萨悲剧事件的罪魁祸首并不是出于什么高尚的动机。他们发出的自由呼声只是为了私人恩怨和个人野心。帕齐家族是一个古老而骄傲的家族，在美第奇家族出现之前，帕齐家族就已经在佛罗伦萨的历史上留下了自己的名字。帕齐家族的一个成员从十字军东征归来时，带回了耶路撒冷圣墓祭坛上的火。他的后代成了古老燧石的守护者，每年都会在佛罗伦萨大教堂点燃新火种。至今，他的功绩仍在佛罗伦萨马车爆炸节上被称颂。复活节前夜，帕齐家族的战车被乳白色的公牛拉到大教堂广场。一只机械鸽子从西门飞出，点燃了装有烟火的马车。

科西莫·德·美第奇帮助帕齐家族摆脱了佛罗伦萨强加于贵族阶层的一些限制，使帕齐家族的成员能够在贸易和政治中大显身手。15世纪，帕齐家族繁荣昌盛的见证之一就是美丽的帕齐教堂。帕齐教堂毗邻菲利波·布鲁内莱斯基为帕齐家族设计的圣十字教堂。作为银行家，帕齐家族独立于美第奇家族。在某种程度上，两个家族是竞争对手。但古列尔莫·德·帕齐与洛伦佐·德·美第奇的姐姐比安卡·德·美第奇的婚姻使两个家族走到了一起，关系一直很不错。直到教皇西斯笃四世向帕齐家族申请购买伊莫拉需要的资金。洛伦佐·德·美第奇要求帕齐家族拒绝教皇西斯笃四世，但帕齐家族没有理会，而是给教皇西斯笃四世提供了一笔钱，使吉罗拉莫·里亚里奥成了伊拉莫领主。这无异于宣战。从那时起，帕齐家族罗马银行经理弗朗切斯科·德·帕齐就成了阴谋的主要推动者，目的就是推翻美第奇家族，把帕齐家族推到佛罗伦萨首位。与弗朗切斯科·德·帕齐联系密切的是吉罗拉莫·里亚里奥。吉罗拉莫·里亚里奥一心想要扩大罗马涅领地，坚信消灭洛伦佐·德·美第奇将会消除统治罗马涅的主要障碍。第三个同谋者是弗朗切斯科·萨尔维亚蒂·里亚里奥。他在1478年帕齐阴谋发生前的三年大部分时间都待在罗马，等待着比萨大主教所有权，而结果只是徒劳，佛罗伦萨没有把大主教的所有权交给他。当这三个人为推翻美第奇家族这一阴谋做准备时，佛罗伦萨的帕齐家族找到了憎恨美第奇家族的新理由。帕齐家族的一个人娶了乔瓦尼·博罗梅奥的女儿比阿特丽斯·博罗梅奥为妻，并希望得到她的财产。帕齐家族这个成员的希望因一项立法的通过而破灭。该项法律使乔瓦尼·博罗梅奥的侄子获得了继承权。帕齐家族在这项立法的一份文件中发现了洛伦佐·德·美第奇的签名。该立法有双重目的，一是惩罚帕齐家族在伊莫拉问题上拒绝美第奇家族的要求，二是使美第奇家族的坚定拥护者博罗梅奥家族受益。

尽管如此，弗朗切斯科·德·帕齐很难说服本族人同意以武力推翻美第奇家族的计划。雅各布·德·帕齐是帕齐家族首领。他虽然是个臭名昭著的赌徒，但认为武力推翻美第奇家族风险太大。第一次讨论这个计划时，他的反应"比冰还冷"。最后，弗朗切斯科·德·帕齐还是诱使雅各布·德·帕齐和帕齐家族其他成员同意了该计划。然而，雷纳托·德·帕齐对这一阴谋置身事外。雷纳托·德·帕齐对美第奇家族没有好感，但他认为洛伦佐·德·美第奇手头拮据，要想毁掉他，以高利率借钱给他是更加稳妥的办法。可以确定的是，洛伦佐·德·美第奇的姐夫古列尔莫·德·帕齐对整个事件一无所知。

密谋者意识到他们的成功取决于谋杀洛伦佐·德·美第奇和朱利亚诺·德·美第奇两兄弟的计谋。杀死洛伦佐·德·美第奇，让备受爱戴的朱利亚诺·德·美第奇活着，将是一场灾难。吉罗拉莫·里亚里奥手下的一名雇佣兵指挥官吉安·巴蒂斯塔·达·蒙泰赛科被选为暗杀者。当暗杀完成后，雅各布·德·帕齐将以自由之名发动全城起义。与此同时，在尼科洛·维泰利的劲敌洛伦佐·朱斯蒂尼的领导下，来自伊莫拉和卡斯泰洛城的军队做好了进攻佛罗伦萨的准备，协助实现政权更迭。吉安·巴蒂斯塔·达·蒙泰赛科一开始不愿意接受暗杀的任务，他坚持说，除非听到教皇西斯笃四世说同意暗杀的计划，否则他是不会去做的。因此，密谋者认为有必要向教皇西斯笃四世说明计划。吉安·巴蒂斯塔·达·蒙泰赛科也会见了教皇西斯笃四世。吉安·巴蒂斯塔·达·蒙泰赛科被捕后的证词证明了在梵蒂冈做的商议。"我希望从洛伦佐·德·美第奇的手里夺走政府，"教皇西斯笃四世说，"他是个粗暴的混蛋，根本不把我们放在眼里。如果把他赶下台，我们对佛罗伦萨共和国就可以为所欲为了。"教皇西斯笃四世虽然同意使用武力推翻佛罗伦萨政府，但拒绝支持谋杀。吉安·巴蒂斯塔·达·蒙泰赛科向教皇西斯笃四世指出，除非杀掉洛伦佐·德·美第奇和朱利亚诺·德·美第奇，否则很难实现控制佛罗伦萨的目标，但教皇西斯笃四世重申不会让任何人死亡。然而，弗朗切斯科·萨尔维亚蒂·里亚里奥向教皇西斯笃四世保证他们一定会成功的，最终教皇西斯笃四世同意了谋杀的计划。文艺复兴时期的意大利，暗杀并不是什么新鲜事，所以教皇西斯笃四世不可能预料不到暗杀的结果。从这次谈话中，密谋者得出的结论是，教皇西斯笃四世为了达到目的，可以不择手段。密谋者向教皇西斯笃四世保证，一旦佛罗伦萨落到教皇西斯笃四世的手中，教皇西斯笃四世可以随心所欲地向半个意大利发号施令。

　　现在需要考虑的问题是如何寻找谋杀的机会。起初，有人提议把洛伦佐·德·美第奇邀请到罗马。吉罗拉莫·里亚里奥说洛伦佐·德·美第奇来到罗马后定会让他有去无回，然后，把朱利亚诺·德·美第奇在别的地方解决掉。

然而，洛伦佐·德·美第奇拒绝了邀请。阴谋者们只好聚集在佛罗伦萨，等待着把洛伦佐·德·美第奇和朱利亚诺·德·美第奇同时杀掉的机会。此时，十六岁的无辜的拉法埃拉·里亚里奥成了叔叔吉罗拉莫·里亚里奥的工具。当时，这个年轻人正在比萨大学学习，刚被任命为枢机主教。拉法埃拉·里亚里奥应邀和雅各布·德·帕齐一起住在佛罗伦萨城外的别墅里，被指使写信给洛伦佐·德·美第奇。作为回应，洛伦佐·德·美第奇邀请拉法埃拉·里亚里奥去菲耶索莱的美第奇别墅。但密谋者的计划又一次出了岔子，因为朱利亚诺·德·美第奇病了，没有陪他的哥哥洛伦佐·德·美第奇去见客人。接着，拉法埃拉·里亚里奥表达了想看看美第奇宫珍品的愿望，洛伦佐·德·美第奇于是安排他下个周日来佛罗伦萨，在大教堂参加完弥撒后，去拉尔加街为他举行宴会。暗杀者原计划在宴会期间行事，但最后得知朱利亚诺·德·美第奇身体不适，不能参加宴会，不过朱利亚诺·德·美第奇打算参加弥撒。因此，密谋者一致认为谋杀必须在大教堂举行礼拜仪式时进行。这时，吉安·巴蒂斯塔·达·蒙泰赛科拒绝采取行动，因为自从这个阴谋被提出，他就被吉罗拉莫·里亚里奥派到洛伦佐·德·美第奇身边执行任务，结果他被洛伦佐·德·美第奇的魅力折服了。吉安·巴蒂斯塔·达·蒙泰赛科和洛伦佐·德·美第奇在卡法吉奥罗会面，然后两人一起骑马去了佛罗伦萨。和洛伦佐·德·美第奇的友好交谈使吉安·巴蒂斯塔·达·蒙泰赛科更加不喜欢分配给他的任务。现在，计划的改变给了吉安·巴蒂斯塔·达·蒙泰赛科新的反对理由。他断然拒绝在"上帝看得见的地方"进行谋杀，只好由两个教士代替他承担谋杀洛伦佐·德·美第奇的任务。这两个教士一个是雅各布·德·帕齐的秘书，另一个是沃尔泰拉人。这个沃尔泰拉人急于为他的城市蒙受的冤屈报仇。弗朗切斯科·德·帕齐和贝尔纳多·班迪尼·巴龙切利被选派去杀害朱利亚诺·德·美第奇。贝尔纳多·班迪尼·巴龙切利是与帕齐家族有生意往来的一个家族的成员，因生活上的不如意而选择堕落。

1478年4月26日，当所有要参与谋杀行动的人都已经聚集在大教堂时，他们注意到朱利亚诺·德·美第奇还没有到。于是，刺客们去找他。弗朗切斯科·德·帕齐一见到朱利亚诺·德·美第奇,就很友好地用胳膊搂住他,实则是为了弄清他有没有穿防护铠甲。袭击的预定信号是教堂钟声,但到底在礼拜仪式的哪段时间,说法不一。有人说是神父举起祭品的时候,有人说是在唱《羔羊颂》的时候,有人说是弥撒礼成后。时间一到,贝尔纳多·班迪尼·巴龙切利立即将匕首刺向朱利亚诺·德·美第奇。朱利亚诺·德·美第奇跌倒在弗朗切斯科·德·帕齐身边。弗朗切斯科·德·帕齐穷凶极恶地跟进袭击,朱

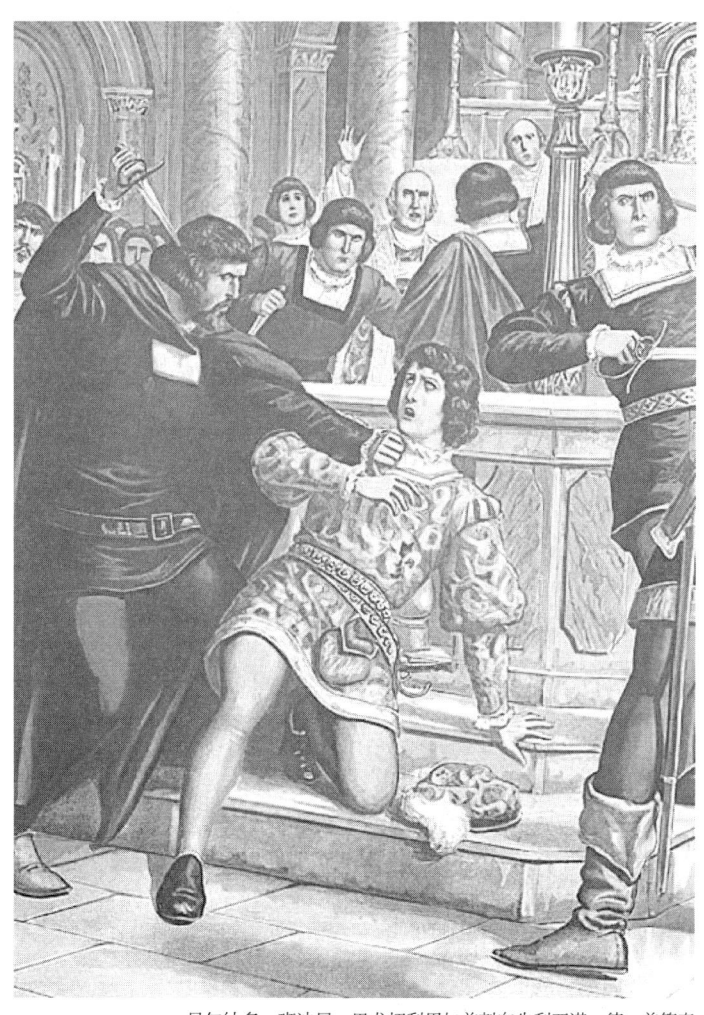

贝尔纳多·班迪尼·巴龙切利用匕首刺向朱利亚诺·德·美第奇

利亚诺·德·美第奇倒地而亡，身中十九刀。当两个教士袭击洛伦佐·德·美第奇时，他正站在圣坛南侧的唱诗班外侧。然而，两个教士用刀不熟练，洛伦佐·德·美第奇拔出剑来，把斗篷裹在左臂上作为盾牌，避开了攻击。他跳过围在唱诗班周围的栏杆，跑到祭坛前面，然后一直跑到安全的北圣器收藏室。杀害朱利亚诺·德·美第奇的凶手在洛伦佐·德·美第奇身后紧紧追赶。洛伦佐·德·美第奇的朋友们在他身后关上了圣器收藏室沉重的铜门，其中一人吸吮洛伦佐·德·美第奇脖子上的伤口，以防刀上有毒。洛伦佐·德·美第奇没死，帕齐阴谋失败了。

　　大教堂内一片混乱。有人逃回家里，有人躲藏起来，有人带着武器护卫洛伦佐·德·美第奇，还有人则等着看事态如何发展。拉法埃拉·里亚里奥独自一人站在圣坛前，惊恐万分，直到一些神父把他带到了南边的圣器收藏室，后来一个警卫把他抓走了。早些时候，弗朗切斯科·萨尔维亚蒂·里亚里奥就已经离开了大教堂，带着一群人去占领佛罗伦萨市政厅。弗朗切斯科·萨尔维亚蒂·里亚里奥的出现让正在就餐的执政团人员大吃一惊。当时，正义旗手是切萨雷·彼得鲁奇，就像几年前在普拉托当地方长官时表现出来的那样，他反应敏捷，英勇果敢。切萨雷·彼得鲁奇命人去敲大钟，用一根横在楼梯上的铁链把进攻的人挡在外面，直到人们成群结队地去保卫市政厅。谣言流传洛伦佐·德·美第奇和朱利亚诺·德·美第奇都已经被杀，人们担心不已。当脖子上缠着绷带的洛伦佐·德·美第奇出现在自家阳台上时，人们知道他还活着，都聚集到他的周围。雅各布·德·帕齐骑着马在街上呼喊着"人民！自由！"时，迎接他的是咒骂和叫喊声"圆球！圆球！"。佛罗伦萨开始惩罚叛徒，用弗朗切斯科·圭恰迪尼的话说就是"越过了所有文明的界限"。弗朗切斯科·德·帕齐和弗朗切斯科·萨尔维亚蒂·里亚里奥及其他的两名家族成员从市政厅的窗户上被勒着脖子吊了下来。几天后，雅各布·德·帕齐和两个教士从他们的藏身之处被搜了出来，遭受了同样的命运，雅各布·德·帕齐被拷打，两个教士被肢解。雷纳托·德·帕齐作为从犯也被吊死。贝尔纳多·班迪尼·巴龙切利逃入奥

处决帕齐阴谋的参与者

斯曼土耳其帝国境内，但在洛伦佐·德·美第奇的要求下，奥斯曼土耳其帝国苏丹穆罕默德二世把他交给了洛伦佐·德·美第奇，于1479年被押解回佛罗伦萨处决。在写完关于密谋的全部供词后，吉安·巴蒂斯塔·达·蒙泰赛科被判处砍头。大约有八十人被杀，其中很多是暴民暴力行为的无辜受害者。

如果说野蛮和残酷是这个时代的特征，那么用艺术来展示叛徒的命运，同样是典型的时代特点。桑德罗·波提切利在毗邻市政厅的监狱墙上的壁画描绘了反叛者。政府付给桑德罗·波提切利四十个弗罗林金币作为报酬。壁画上，每个反叛者的脖子上都套着绳子，代表着死亡方式。只有纳波莱奥内·弗兰切西是被拴住脚吊起来的，说明他已逃脱。洛伦佐·德·美第奇写了关于壁画的

奥斯曼土耳其帝国苏丹穆罕默德二世

描述性诗句。所有人都可以看到这些壁画。1494年,美第奇家族被驱逐出佛罗伦萨后,这些壁画才被摧毁。在耶稣升天日,朱利亚诺·德·美第奇下葬。耶稣升天日是佛罗伦萨人的节日,人们在这一天外出到田野里迎接春天,捕捉蚂蚱。今年,耶稣升天日成了一个哀悼日。人们拥向圣洛伦佐教堂,向这位为佛罗伦萨的幸福做出巨大贡献的人致以最后的敬意。人们发现朱利亚诺·德·美第奇留下了一个叫朱利奥·迪·朱利亚诺·德·美第奇的私生子。洛伦佐·德·美第奇立刻把孩子带到家里,让他接受在教会工作的训练。后来,朱利奥·迪·朱利亚诺·德·美第奇登上了教皇宝座,成为教皇克莱门特七世。

教皇克莱门特七世

帕齐家族试图摧毁美第奇家族的力量，实际上却增强了洛伦佐·德·美第奇对佛罗伦萨的控制。很明显，在佛罗伦萨，无论是商人、店主还是平民，都不赞成帕齐家族取代美第奇家族的统治地位。在大教堂里，当洛伦佐·德·美第奇在刺客前面飞奔时，卡瓦尔坎蒂家族的两名成员挥剑保护他。他们的行动表明，即使是帕齐家族所属的古老贵族家族成员也不是都支持帕齐家族的。由于对权力的错误追求，帕齐家族玩火自焚。帕齐家族一些成员被监禁，所有人都因此蒙羞。洛伦佐·德·美第奇的姐夫古列尔莫·德·帕齐曾陪同洛伦佐·德·美第奇完成了首次外交任务，也一度被限制在佛罗伦萨郊外的别墅内。

洛伦佐·德·美第奇在佛罗伦萨的声望从未像现在这样高过，但他还得考虑外部的敌人。吉罗拉莫·里亚里奥急切地等待着佛罗伦萨的消息。当得知阴谋已失败及其后果时，他怒不可遏。吉罗拉莫·里亚里奥的军队逮捕了佛罗伦萨驻罗马大使多纳托·阿恰约利。威尼斯和米兰大使都抗议这种违反外交豁免权的行为。因此，多纳托·阿恰约利免于监禁。在吉罗拉莫·里亚里奥的怂恿下，教皇西斯笃四世对"罪恶之子和毁灭之子"洛伦佐·德·美第奇下了一道教皇诏书，要开除洛伦佐·德·美第奇的教籍。教皇西斯笃四世在诏书中详细阐述了所有控诉理由：洛伦佐·德·美第奇对尼科洛·维泰利和其他教会敌人的支持，弗朗切斯科·萨尔维亚蒂·里亚里奥被处决，拉法埃拉·里亚里奥被捕入狱。佛罗伦萨的正义旗手和执政官也被开除教籍。除非"罪犯"在一个月内受到惩罚，否则教皇西斯笃四世将对整个佛罗伦萨停止教权。正如洛伦佐·德·美第奇在回复法兰西国王路易十一慰问信时写的那样，在教皇西斯笃四世眼中，他的真正罪行是没有被杀掉。然而，一名大主教未经审判就被绞死，一名枢机主教被监禁，几名随从被暴民刺死，这些都为教廷对洛伦佐·德·美第奇的谴责提供了充分理由。佛罗伦萨政府的蔑视态度也加重了洛伦佐·德·美第奇的罪行。在多纳托·阿恰约利的强烈建议下，拉法埃拉·里亚里奥被释放。但停止教权被视为无效，佛罗伦萨神职人员依旧履行职责。1478年，佛罗伦萨圣约翰节虽然晚了一个星期，但照常举行了节日活动。

下达开除教籍和停止教权的诏令之后，教皇西斯笃四世和那不勒斯向佛罗伦萨宣战。就像前文叙述的，佛罗伦萨和那不勒斯政府之间已经出现了裂痕。如今，教皇西斯笃四世决心拿起武器。以武力对抗佛罗伦萨诱惑了那不勒斯国王斐迪南一世，尤其是斐迪南一世野心勃勃的儿子卡拉布里亚公爵阿方索[①]，想利用那不勒斯的军事优势，使阿拉贡家族成为托斯卡纳地区的主导力量。对佛罗伦萨来说，形势十分危险。1478年7月月初，那不勒斯的军队就进入了佛罗伦萨的领土，佛罗伦萨对战争毫无准备。当共和国的自由受到威胁时，公民们总是会挺身而出。佛罗伦萨收到教皇西斯笃四世的一封信，信中说佛罗伦萨只需驱逐洛伦佐·德·美第奇就可以恢复名誉。洛伦佐·德·美第奇决定听从人民的意见。在市政厅，佛罗伦萨的代表人物召开了一次会议，其场面令人动容。洛伦佐·德·美第奇说，帕齐家族的阴谋使自己弟弟朱利亚诺·德·美第奇丧命，并威胁到自己的生命，这让他认识到自己的敌人比意识到的要多得多，但有忠诚的朋友。教皇西斯笃四世曾宣称，洛伦佐·德·美第奇是教会对佛罗伦萨表现出敌意的唯一原因，佛罗伦萨人应该决定如何采取最好的行动。就洛伦佐·德·美第奇而言，他可以毫无保留地听从佛罗伦萨人的处置。只要对佛罗伦萨有利，他愿意忍受流放或死亡。洛伦佐·德·美第奇最后说，为了让自己能更无牵无挂地保卫佛罗伦萨，他已将妻儿送到城外一个安全的地方。不过，如果需要，他可以为了佛罗伦萨的事业牺牲最亲爱的人。雅各布·德·亚历山德里代表在场的人发言，表示大家都非常感激洛伦佐·德·美第奇，一致决定支持他。为了表示洛伦佐·德·美第奇是多么受人爱戴和重视，并鉴于他面临的危险，参会者派了十二个人来保护他。几天后，佛罗伦萨执政团成立了一个"十人战争委员会"，负责即将到来的战争。洛伦佐·德·美第奇是委员会成员之一。佛罗伦萨投入了备战工作。

许多人写信给洛伦佐·德·美第奇表示同情并愿意提供帮助，这让他备

[①] 即后来的那不勒斯国王阿方索二世。——译者注

受鼓舞。当初，一接到佛罗伦萨大教堂发生暴乱的消息，米兰立刻指示乔瓦尼二世·本蒂沃利奥保护美第奇家族。实际上，在收到消息之前，乔瓦尼二世·本蒂沃利奥就已经开始穿越亚平宁山脉了。战争期间，博洛尼亚为前来援助佛罗伦萨的盟军提供了通道，为军队提供了冬季住所。尽管教皇公使，也就是名义上的博洛尼亚政府首脑，发表声明反对庇护教会的敌人，但他发现对正在发生的事情睁一只眼闭一只眼是明智的。虽然教皇西斯笃四世提出了抗议，米兰和威尼斯还是向佛罗伦萨提供了援助。米兰特遣队由吉安·贾科莫·特里武尔齐奥率领，这是他漫长而杰出的军事生涯的开端。路易十一向教皇西斯笃四世提出抗议，反对攻击"法兰西亲爱的朋友洛伦佐·德·美第奇"，派遣菲利

吉安·贾科莫·特里武尔齐奥

普·德·科明尼斯作为特使前往罗马。路易十一手中的每一件外交武器都派上了用场,威胁教皇西斯笃四世要举行一次大会,暗示要恢复对那不勒斯的控制,颁布法令禁止向罗马汇款。教皇西斯笃四世顽固不化,但路易十一坚决反对武装干涉。在佛罗伦萨,菲利普·德·科明尼斯待了将近一年。在《回忆录》中,菲利普·德·科明尼斯记录了对不能带军队去帮助佛罗伦萨人的遗憾,说:"国王给予了他们某种帮助,但不及我先前期待的那般。"事实上,佛罗伦萨最需要的是战斗人员。盟军特遣队规模小,行动缓慢。最有效的部队是尼科洛·迪·皮蒂利亚诺和洛伦佐·德·美第奇的奥尔西尼亲戚派遣来的。他们以雇佣兵的身份加入了佛罗伦萨军队。

尼科洛·迪·皮蒂利亚诺

第 8 章 帕齐阴谋 | 151

1478年9月月底，费拉拉公爵埃尔科莱一世·德·埃斯特才同意以盟军总司令的身份开始作战。但由于他与阿拉贡人的关系，他只不过是一个三心二意的声援者。这时，卡拉布里亚公爵阿方索和那不勒斯人正在向佛罗伦萨南部的基亚纳河谷推进，乌尔比诺公爵费德里科·达·蒙泰菲尔特罗的教皇部队在身后支持着他。费德里科·达·蒙泰菲尔特罗有着丰富的军事经验。佛罗伦萨的老对手锡耶纳为这次进攻提供了便利的基地。尽管敌人占优势，但1478年的战役不分胜负，因为双方都坚持避免激战的雇佣军原则。正如现代士兵吃了苦头之后认识到的那样，意大利中部地区河谷狭窄，河流纵横交错，阻碍交通，不利于快速见效。1478年11月，当战斗人员撤退到冬季营地时，卡拉布里亚公爵阿方索率领的军队正在接近阿诺山谷，但离佛罗伦萨仍然很远。在1479年的战役中，政治形势开始对佛罗伦萨不利。年轻的米兰公爵吉安·加莱亚佐·斯福尔扎的叔叔们被摄政王卢多维科·斯福尔扎流放后，在那不勒斯避难。现在，那

卢多维科·斯福尔扎

奇科·西莫内塔

不勒斯国王斐迪南一世试图将米兰与佛罗伦萨分离的努力失败了,企图利用被流放的斯福尔扎兄弟达到自己的目的。斐迪南一世和斯福尔扎兄弟出现在卢尼贾纳,目的是通过攻击米兰政府和削弱对手实现自己的野心。于是为佛罗伦萨而战的米兰分遣队被召回去保卫自己的领土。埃尔科莱一世·德·埃斯特也随之而去。1478年9月,卢多维科·斯福尔扎与公爵夫人萨伏依的博纳和解。首席大臣奇科·西莫内塔领导的政府倒台了,卢多维科·斯福尔扎成了米兰的实际统治者。卢多维科·斯福尔扎发生政变的当天,在埃尔萨山谷作战的那不勒斯军队攻入了波焦因佩里亚莱的要塞。现在,卡拉布里亚公爵阿方索和佛罗伦萨之间并没有什么严重的冲突。佛罗伦萨瘟疫肆虐,乡间饱受战争蹂躏。佛罗伦萨成功抵抗卡拉布里亚公爵阿方索的机会微乎其微。然而,卡拉布里亚公爵阿方索并没有向佛罗伦萨进军,而是采取了不那么英勇的行动——扫荡了埃尔萨山谷的小堡垒。科莱小镇的顽强抵抗使卡拉布里亚公爵阿方索耽搁了两个月。1478年秋天,卡拉布里亚公爵阿方索提出休战,佛罗伦萨高兴地接受了。

战争期间,洛伦佐·德·美第奇一直待在佛罗伦萨,忙于维持人力和金钱的供给。他必须以最不可能引起不满的方式持续征收新税,必须把争吵不休的雇佣军分隔开来,迫使盟国增加援助。此外,洛伦佐·德·美第奇还要负责一场外交斗争。双方在外交中的对峙与实地战争中的不分上下。1479年秋,洛伦佐·德·美第奇清楚地认识到,佛罗伦萨不能再进行一场新的战争了。佛罗伦萨的资源已经到了极限。要求公民为自己做出进一步的牺牲将危及自己的地位。洛伦佐·德·美第奇还意识到,意大利和欧洲各大国普遍渴望和平。正是出于这些考虑,洛伦佐·德·美第奇决心尽最大努力结束这场危机,亲自前往那不勒斯,从斐迪南一世那里争取和平。洛伦佐·德·美第奇秘密地离开了佛罗伦萨。1479年12月7日,在托斯卡纳的圣米尼亚托泰代斯科城,洛伦佐·德·美第奇给执政团写了一封信:

> 最杰出的大人们:
>
> 如果在离开佛罗伦萨之前,我没有告诉你们我离开的原因,不是因为我缺乏尊重的品质,而是因为我认为我们城市现在的危险形势要求我立即采取行动,而不是深思熟虑。在我看来,和平对我们来说是不可或缺的,而其他所有获得和平的方法都是徒劳的,我选择让自己暴露在某种程度的危险中,不想让这座城市遭受更长时间的痛苦。因此,如果大人们允许,我打算直接去那不勒斯。因为我是敌人的主要目标,所以我可以把自己交到敌人手中,让佛罗伦萨恢复和平。有两种可能:要么那不勒斯国王斐迪南一世对我们友好,就像他经常说的那样。有人对此深信,也有人认为国王斐迪南一世攻击我们的目的是为了帮助我们,而不是要剥夺我们的自由;要么他希望

佛罗伦萨共和国灭亡。若想证明他的用意是好的，没有比毫无保留地把我自己交在他手中更好的办法了。冒昧地说，这是获得和平的唯一办法。如果斐迪南一世的目的是破坏我们的自由，那么最好马上知道最坏的情况，以一个人而不是许多人的代价来了解情况。我很高兴成为这样的人，首先因为我是被仇恨的主要对象，更容易发现敌人是否只想毁灭我。其次，由于我享有的荣誉和责任比我的功绩要多，也许比我们这个时代任何一个普通公民享有的都要多。因此，我比任何人都更有义务为国家服务，即使冒着生命危险。带着这个目的，我现在就出发。也许上帝会让这场以我弟弟朱利亚诺·德·美第奇和我自己的鲜血为开端的战争再以我的方式结束。我的愿望是通过我的生或死，不幸或成功，可以为我们城市的福祉做出贡献。如果成功了，我将为国家赢得和平，为自己赢得安全而高兴。如果失败了，我会知道我的不幸对我们的城市是有益的。如果敌人的目标只是针对我一个人，我会把自己交由他们处置。如果他们想要的更多，必要表露出来。如果需要，我知道我的同胞们将联合起来捍卫他们的自由，在上帝的庇佑下取得我们的先辈们过去取得的成功。我满怀希望地前往，祈求上帝赐给我恩典，让我履行每一个公民在任何时候都应该准备好为他的国家履行的职责。

我谨向执政团的阁下们致意
洛伦佐·德·美第奇

这封信让佛罗伦萨执政团惊愕不已，执政团成员感动得流下了眼泪。就在几年前，斐迪南一世还毫不犹豫地杀死了在那不勒斯继承战中为自己效力的雅各布·皮奇尼诺。雅各布·皮奇尼诺是从米兰到达斐迪南一世身边的。人们最关心的是洛伦佐·德·美第奇能否活着回来。然而，执政团知道佛罗伦萨目前深陷困境。执政团成员心中怀着恐惧,任命洛伦佐·德·美第奇为佛罗伦萨派往那不勒斯的特使。

洛伦佐·德·美第奇的决定是一个勇敢的人、一个精明的外交家的决定。但他冒的风险比表面上看起来要小。斐迪南一世不可能不顾法兰西王室以安茹王朝的名义对那不勒斯提出的王权主张,法兰西王室提出的王权主张也让对斐迪南一世心生不满的一些那不勒斯男爵蠢蠢欲动。现在在米兰掌权的是卢多维科·斯福尔扎,他坚持与佛罗伦萨友好相处的传统,急于让两个主要盟友达成和解。斐迪南一世本人也渴望和平,因为穆罕默德二世的征战进展迅速,土耳其人已经逼近了阿普利亚海岸。斐迪南一世和洛伦佐·德·美第奇之间已经进行了初步的秘密谈判。洛伦佐·德·美第奇乘着斐迪南一世派往里窝那接他的船前往那不勒斯。洛伦佐·德·美第奇一到,阿拉贡的费德里科就已经在码头上迎接他了。洛伦佐·德·美第奇年轻时的一个朋友——卡拉布里亚公爵夫人伊莎贝拉(即伊波利塔·马里亚·斯福尔扎)尽其所能推动他的事业。洛伦佐·德·美第奇的崇拜者,在那不勒斯宫廷很有影响力的迪奥梅德·卡拉法也为同样的目的而努力。有了这些朋友的支持,再加上洛伦佐·德·美第奇自己独特的说服力,说服斐迪南一世,使他相信使那不勒斯和佛罗伦萨曾经联合在一起的共同利益仍然存在,并非不可能。斐迪南一世发现洛伦佐·德·美第奇头脑清晰,爱好和平,待人友好。毫无疑问,斐迪南一世更喜欢把洛伦佐·德·美第奇,而不是把教皇西斯笃四世及其侄子们和外甥们作为盟友。

和平道路上的困难不在于斐迪南一世,而在于他的儿子卡拉布里亚公爵阿方索和教皇西斯笃四世,他们都竭力阻止和解。卡拉布里亚公爵阿方索希望扩大他在托斯卡纳南部的控制权。在听到斐迪南一世与洛伦佐·德·美第奇开始谈判的消息后,教皇西斯笃四世对斐迪南一世的背叛行为满腹牢骚,坚持要洛伦佐·德·美第奇本人到罗马来。斐迪南一世亲自提醒洛伦佐·德·美第奇,如果去罗马,他将无法逃脱吉罗拉莫·里亚里奥的毒手。因此,谈判带来的焦虑持续了很多日子,舞会和宴会偶尔可以消除一下这种不安的氛围。在可以俯瞰大海的别墅花园中，洛伦佐·德·美第奇与卡拉布里亚的伊莎贝拉愉快地散步、交谈，放松身心。直到1480年2月，洛伦佐·德·美第奇和斐迪南一世才签署了和平协议。洛伦佐·德·美第奇如愿以偿地回到了佛罗伦萨。正如弗朗切斯科·圭恰迪尼说的："协议条款对佛罗伦萨不是很有利。"佛罗伦萨同意释放仍在监狱中的帕齐家族成员，同意失去的托斯卡纳南部的要塞继续掌握在锡耶纳人的手中。佛罗伦萨还承诺和卡拉布里亚公爵阿方索签署一项为期数年的条约，这是对赔款的一种委婉说法，因为用佛罗伦萨的钱供给的军队显然不会为佛罗伦萨共和国服务。这就意味着被课以重税的佛罗伦萨人又增加了新的负担。

虽然佛罗伦萨人对战争结束由衷地感到高兴，但在1480年整个夏天，佛罗伦萨仍处于焦虑状态。教皇西斯笃四世同意和平，因为他不能独立战斗，但拒绝取消对佛罗伦萨停止教权的处分。教皇西斯笃四世取消了弗利城奥德拉弗家族的领主权。吉罗拉莫·里亚里奥成了弗利领主，使吉罗拉莫·里亚里奥在罗马涅的财产又增加了一笔。锡耶纳的一场革命使卡拉布里亚公爵阿方索在佛罗伦萨共和国赢得了一个与佛罗伦萨的美第奇家族旗鼓相当的地位。佛罗伦萨受到的更直接的打击是失去了萨尔扎纳。当洛伦佐·德·美第奇还在那不勒斯时，萨尔扎纳遭到了热那亚的突然袭击，现在落入了热那亚圣乔治银行手中。然后，1480年8月，土耳其军队突然占领了奥特朗托。由于担心君士坦丁堡的征服者可能很快就会到达罗马，意大利列强的注意力从自己的争端中转移了出来。佛罗伦萨被包围的威胁也消除了。土耳其发动进攻的时机是如此之巧，以至于让人怀疑穆罕默德二世是应洛伦佐·德·美第奇的要求来安排进攻时间的。教皇西斯笃四世不能再拖延佛罗伦萨与教会的和解了。1480年11月，一个由佛罗伦萨最主要家族——圭恰迪尼、索代里尼、韦斯普奇、卡波尼、兰弗雷迪尼和托尔纳博尼——的代表组成的代表团被派往罗马。代表团成员被要求要表现得不卑不亢，拒绝所有无耻的要求。代表团成员跪在教皇西斯笃四世面前，含糊地承认了犯的一些错误，温顺地聆听教皇西斯笃四世对他们违抗教会命令的斥责。代表团成员代表佛罗伦萨共和国和全体公民接受了赦免。作为赦免的代价,佛罗伦萨被命令提供十五艘战舰对付土耳其人。

与此同时,那不勒斯没有足够的力量将入侵者从阿普利亚赶出去。斐迪南一世疯狂地寻求人力和金钱的援助。这是洛伦佐·德·美第奇的机会。洛伦佐·德·美第奇明确表示,只要能挽回佛罗伦萨最近在托斯卡纳南部的所有损失,佛罗伦萨就会给那不勒斯提供帮助。卡拉布里亚公爵阿方索已经从锡耶纳被召回,他给副官发出命令,要求那不勒斯和锡耶纳联军在最近战役中占领的所有地方都移交给佛罗伦萨。作为回报,洛伦佐·德·美第奇将会资助那不勒斯一万个达克特金币。从那时起,洛伦佐·德·美第奇和斐迪南一世之间的友谊就再也没有破裂过。佛罗伦萨的所有人都在颂扬洛伦佐·德·美第奇的智慧,因为他知道如何在和平时期弥补战争遭受的损失。因此,洛伦佐·德·美第奇的声誉也得到了提高。1481年,穆罕默德二世突然驾崩,土耳其军队随后撤离了奥特朗托。奥斯曼土耳其帝国的威胁暂时没有了,意大利得以重新团结在一起,获得了和平。

第9章

宪法变革

精彩看点

洛伦佐·德·美第奇的烦恼——宪法改革的必要性——十七人委员会成立——财政问题的出现——新税种改革——改革的弊端——洛伦佐·德·美第奇大失民心——洛伦佐·德·美第奇生命的最后历程

洛伦佐·德·美第奇摆脱了帕齐阴谋带来的麻烦后,只剩下十二年的生命。这十二年,我们可以见证他在治国方面的最大成就。他的意志在佛罗伦萨宪法框架内成为政治和社会法律。佛罗伦萨之外的统治者对洛伦佐·德·美第奇的信任和尊重使他能够充当意大利的仲裁者。因此,洛伦佐·德·美第奇为自己赢得了文艺复兴时期每个人都渴望的不朽名声。然而,洛伦佐·德·美第奇在统治初期的快乐和无忧无虑的精神消失不见了。弟弟朱利亚诺·德·美第奇的死让洛伦佐·德·美第奇失去了最亲密的伙伴和分享一切爱好的人。洛伦佐·德·美第奇尽管才三十出头,就已经被痛风牢牢控制住了,他无法参加他喜欢的许多体育运动。战争之后,用于公共庆祝活动或赞助艺术的资金减少了。对洛伦佐·德·美第奇来说,在很大程度上,生活变成了无休止的工作。他的外交书信越来越多,大部分都是他亲手写的。"我已经写了一整天,很累。"他在写给自己的罗马代表彼得罗·阿拉曼尼的一封急件中说。此时,解决佛罗伦萨共和国的宪法和财政问题需要耗费大量的心血和精力。洛伦佐·德·美第奇还得时刻关注着城市舆论,因为每一次政治形势的变化都会引起舆论波动。扩大朋友圈子,在反对派形成威胁之前找出并粉碎他们,这些都是洛伦佐·德·美第奇为了维护统治地位日常工作的一部分。不过,洛伦佐·德·美第奇有两种消遣方式,一种消遣方式是对学问和艺术的追求。正如他写给马尔西利奥·费奇诺的信中说的那样，因为有这种追求使他能够忍受"繁杂的公共事务和喧嚣的公民"。另一种消遣方式是和孩子们相处。洛伦佐·德·美第奇一直很喜欢孩子们的游戏。尼科洛·马基雅维利认为洛伦佐·德·美第奇对游戏的热情不符合其尊贵的身份。

从那不勒斯回来后，首先引起洛伦佐·德·美第奇注意的是宪法改革。在他离开佛罗伦萨期间，人们直言不讳地指出现存政权的问题。对美第奇家族来说，稳定的政权基础对其统治权至关重要。洛伦佐·德·美第奇回到佛罗伦萨后，受到了公民的欢迎，这使他有底气推动宪法改革，而这在早些时候是不可能被接受的。1480年4月，执政团提出设立临时委员会的建议。立法委员会通过了该建议，尽管这样做是违反惯例的，因为没有得到议会的同意。执政团和选举官的成员组成了新的临时委员会，三十人是执政团选出的，二百一十人是由执政团和这三十个人共同选出的，共有二百七十七人，大小行会的代表和佛罗伦萨四个区划代表也包括在内。然而，一个家族的成员不得超过三人。这种构成方式使临时委员会可以代表大部分佛罗伦萨人的意见。

临时委员会被授权进行必要改革。八天后，执政团宣布临时委员会改革的成果，宪法发生了革命性的变化。"十七人委员会"成立了。十七人委员会由临时委员会的三十名成员及其选出的四十名成员构成，之后的空缺将通过补选产生。实际上，十七人委员会控制着佛罗伦萨政府的所有部门。十七人委员会负责选举执政团和选举官，提出立法措施，从其内部成员中选出两个重要的新委员会，一个是负责外交事务的"八人外交军事事务团"，另一个是负责监督与金融和商业有关事务的"十二行政长官团"。此外，十七人委员会还可以选举刑事管辖机关——司法部。最初，十七人委员会拥有这些广泛权力的期限是五年。但在1484年、1489年和洛伦佐·德·美第奇死后这三个年份，期限得到了延长。这一变化表明佛罗伦萨的公民代表被赋予了最高权力，而这些代表联合起来支持美第奇家族。在威望方面，十七人委员会可以让执政团都黯然失色。这可以从一条规定中看出，该规定声明在任期内表现出色的正义旗手

1480年前后的洛伦佐·德·美第奇

可以得到十七人委员会中一个职位作为奖励。城市内外公职的任命权掌握在十七人委员会成员手中,他们以公谋私,为自己和朋友得到高薪职位。因此,个人前途和公民荣誉就像一块磁铁,吸引越来越多的公民加入美第奇家族。

一些人,包括坚定的共和主义者阿拉曼诺·里努奇尼在内,对宪法改革感到沮丧。对阿拉曼诺·里努奇尼来说,虽然他是临时委员会的一员,是批准十七人委员会成立的人之一,但十七人委员会标志着人民自由的颠覆和毁灭。对洛伦佐·德·美第奇来说,十七人委员会是他个人控制政府的工具。洛伦佐·德·美第奇是该委员会的成员,也是八人外交军事事务团的一员。后来,该事务团成为他外交政策的喉舌。不知道什么原因,十二行政长官团的影响力不大。像以前一样,公共财政的管理仍然掌握在公社公债的官员手中。当洛伦佐·德·美第奇不在佛罗伦萨时,秘书皮耶罗·达·毕毕印纳一直向他汇报十七人委员会的日常情况。1481年,有一个针对洛伦佐·德·美第奇的新阴谋。阴谋是在罗马策划的,吉罗拉莫·里亚里奥很可能也参与其中。阴谋的推动者是乔瓦尼·巴蒂斯塔·弗雷斯科巴尔迪。作为佛罗伦萨驻君士坦丁堡的公使,乔瓦尼·巴蒂斯塔·弗雷斯科巴尔迪做出了杰出贡献。很显然,他认为自己没有得到足够的回报。在采取行动之前,佛罗伦萨政府就抓住了密谋者,把他们当作叛徒处决了。随后,佛罗伦萨政府通过了一项法律,宣布暗杀洛伦佐·德·美第奇的企图将被视为叛国罪。在某种程度上,洛伦佐·德·美第奇已经被公认为佛罗伦萨的"无冕之王"。

1480年,佛罗伦萨统治者面临的最严重问题是财政问题。传统的筹资方式是对进城货物征收间接税,以及从普通公民那里借款,在关税中提供利息给公民。起初,筹集贷款被视为一项紧急措施。但随着政府开支的增加,紧急情况下采取的措施变成了常态。佛罗伦萨商人发现把钱投资到债券上很合适。他们对政府的要求反应迅速,公共债务迅猛增长。1425年,嫁妆基金的创立使公共债务进一步增加。公民把一定数额的钱存在嫁妆基金里,这笔钱以高息累计增长十五年,然后全部作为新娘嫁妆,为女儿结婚做准备。钱在存储期间,如果女孩死亡或进入修道院,积累的钱一半归还给女孩父母或支付给修道院,剩下的一半就成了嫁妆基金的财产。嫁妆基金深受各阶层人士欢迎。在成为博洛尼亚政府统治者之前,桑特·本蒂沃利奥曼是一个羊毛商的学徒,他声称自己是佛罗伦萨公民,可以用这种方式为女儿提供嫁妆。虽然有人对此提出异议,但最后桑特·本蒂沃利奥还是得到了允许。在直接税领域,1427年创立的所得税制度仍然占有一席之地。所得税是对不动产和动产征收的税,第一次把贸易和工业利润纳入了征税范围。所得税很难征,商人们特别不喜欢这种税,被要求纳税时,他们往往会拿出做过手脚的账簿。由于很少对财产重新估价,所以政府睁一只眼闭一只眼。现在,洛伦佐·德·美第奇用土地税成功取代了所得税。土地税是分级收税的,被称为累进税。在这种情况下,累进税可能是最公平的直接税形式。商人城内有宅邸,城外有地产,继续承担着最沉重的负担,但摆脱了所得税的烦恼。小商人交的税要少一些。美第奇家族衰落后,有人想要恢复累进税,足以证明这种税收方式的受欢迎程度。后来,在吉罗拉莫·萨沃纳罗拉的影响下,佛罗伦萨政府以附加税的形式重新引进了累进税。

新税种的出台应归功于洛伦佐·德·美第奇。与前一种税种相比,新税的优点是易征收,防骗税。但新税种不能让佛罗伦萨的金融业起死回生。战争期

吉罗拉莫·萨沃纳罗拉

间，国家贷款利息大幅降低，嫁妆基金也无法兑现债务。1481年，佛罗伦萨成立了一个财政特别委员会，由十七名成员组成，洛伦佐·德·美第奇是其中之一。该委员会由五名公社公债成员和十二名市民组成。据估计，因为不能支付到期的嫁妆基金，当时，佛罗伦萨市民的女儿们失去了将近五十万弗罗林。该委员会成功地筹集到足够的资金，支付了大约三分之一的嫁妆基金，剩下的要承担百分之七的利息，直到还清为止。十年后，未付嫁妆基金的积累导致成立了一个新的委员会。当时，制定了一种制度，该制度规定五分之一的嫁妆基金是结婚时支付，其余五分之四的嫁妆基金一开始是百分之三的利息，每隔一段时间就会增加利息，直至达到百分之七。最后，所有基金都可以还清。与此同时，国家贷款利率降至百分之一。为了提高利率，政府提高了关税。佛罗伦萨政府规定嫁妆基金要以一种叫"法寻"的新银币来支付，币值相当于四分之一便士，超过了当时仍在流通的贬值银币。这种以纳税人为代价玩弄货币的把戏，以及延迟全额支付嫁妆基金的做法，在佛罗伦萨引起了广泛不满。

这些做法使洛伦佐·德·美第奇大失人心。公民抱怨说，美第奇家族提高了地位，却让我们的女儿无法成婚。然而，关于洛伦佐·德·美第奇为了谋求个人利益而侵吞国家基金的指控至今也未得到证实。那些拨给洛伦佐·德·美第奇的，记录在案的款项都是有特定用途的。这一时期，佛罗伦萨的财政出现困难，洛伦佐·德·美第奇的主要责任在于外交过程中，他为自己和佛罗伦萨赢得地位付出的代价实在太高昂了。供养一些派往重要国家的间谍人员、款待外宾、给一些诸侯赠送礼物及向诸侯仆人行贿都是外交手段，都给佛罗伦萨共和国造成了超出其财力范围的负担。当美第奇家族的财富处于鼎盛状态时，这类开支大多来自美第奇家族的私人钱包。既然美第奇家族的财力大不如以前，那么佛罗伦萨政府就有必要分担一部分开支。洛伦佐·德·美第奇的外交提高了佛罗伦萨的威望，但大失民心。然而，对佛罗伦萨在整个文明世界享有盛誉的自豪感使人们的不满只局限于一定范围内。

因此，佛罗伦萨金融体系固有的弊端没有被根除。在需要钱时，佛罗伦萨政府仍然对那些被认为最有可能支付税款的人征税。这些税款作为贷款记在政府债券的账簿上，但不足以掩饰它们的真实性质。尽管征税方式非常武断、随意，但在洛伦佐·德·美第奇去世之前，佛罗伦萨的经济确实出现了复苏。下一代人生活在一个因派系斗争而瘫痪的政府之下，无力应付困扰他们的严重军事和财政问题。佛罗伦萨的下一代人把洛伦佐·德·美第奇时代看成一个非常幸福的时代。在那些快乐日子里，佛罗伦萨团结和睦，人们充分就业，食物供应充足；商人的财富和修养为人才发展提供了各种机会。在整个意大利，佛罗伦萨享有前所未有的声誉。

人们一直认为，洛伦佐·德·美第奇在生命的最后阶段，通过任命一个由他自己和其他十六位公民组成的临时委员会，进一步将政权集中在自己手中。弗朗切斯科·圭恰迪尼在记录这个委员会成立时说，该委员会作为佛罗伦萨全体人民的代表，有权处理国家事务。这些话表明，一个类似于威尼斯"十人委员会"的机构，在涉及国家利益时，拥有凌驾于正常宪法机构之上的权力。与此同时，有传言称洛伦佐·德·美第奇在等待自己的四十五岁生日，到时他就有资格担任正义旗手，他想要的不只是任职两个月，而是终身任职。如果洛伦佐·德·美第奇做出了上述改变，那么佛罗伦萨的政治体制就朝着君主制的目标迈进了一大步。然而，可以肯定的是，弗朗切斯科·圭恰迪尼误解了十七人委员会的性质和职能。有书面证据表明，1491年，佛罗伦萨政府任命了一个金融委员会。该委员会和1481年的财政委员会一样，由十七名委员组成。洛伦佐·德·美第奇作为公债代表，也曾在金融委员会任职。正如人们看到的那样，这个金融委员会做出的决定在佛罗伦萨引起了轰动，但作用仅限于金融改革，使命完成后就不复存在了。没有任何证据表明，这个金融委员会和其他机构被赋予了更广泛或更持久的权力。

弗朗切斯科·圭恰迪尼写《佛罗伦萨编年史》时，仍然希望佛罗伦萨能有一个真正有效的共和政体。弗朗切斯科·圭恰迪尼渴望共和制，这可以解释他后期作品中体现出来的一种倾向，虽然这种倾向不太明显，即强调洛伦佐·德·美第奇统治的专制性。对1491年成立的金融委员会，家族自豪感可能使弗朗切斯科·圭恰迪尼夸大了这个委员会的重要性，因为弗朗切斯科·圭恰迪尼的父亲皮耶罗·迪·雅各布·圭恰迪尼是该委员会的一员。除了缺乏证据表明这一改变是经过深思熟虑的，用一个拥有自由决定权的小议会代替共和国历史悠久的执政官制度，这不符合洛伦佐·德·美第奇对宪法的一贯遵守。洛伦佐·德·美第奇害怕激起热爱自由的公民们的怨恨，他本人也热爱自由，将共和国视为佛罗伦萨注定的政权形式。1480年的改革将选举执政团和其他执政官的权力交给了十七人委员会，但这并没有剥夺执政团和执政官传统的荣誉和职能。十七人委员会每五年就要更新换届一次。洛伦佐·德·美第只能通过保持共和国外在形式不变的方式来掌控政权。他可能曾经认真考虑过成为终身正义旗手的可能性，因为成为终身正义旗手将使他在法律及实际上成为共和国的首脑和代言人。他恪守先例，在达到适当年龄之前，没有试图确保自己当选。因此，洛伦佐·德·美第奇从未当选为正义旗手。四十三岁时，洛伦佐·德·美第奇去世了。他一生中一直引以为傲的头衔是"佛罗伦萨公民"。

第10章
意大利和平(1482—1492)

精彩
看点

意大利的紧张局势——吉罗拉莫·里亚里奥的报复——夺取了卡斯泰罗城——费拉拉战争——教皇英诺森八世——罗马涅的威胁——弗利危机——博洛尼亚阴谋——查理八世远征

在洛伦佐·德·美第奇人生的最后十年，意大利各个列强之间的关系日益紧张，欧洲国家对意大利事务的兴趣也日益浓厚。法兰西王国安茹的勒内没能赢得那不勒斯。自此之后，法兰西诸侯们再也没有入侵过意大利，但意大利各城邦在争斗时寻求法兰西援助的坏习惯并没有改变。虽然法兰西王国路易十一主张武力干涉意大利各城邦之间的斗争，但在路易十一整个统治期间，法兰西王国的外交一直都很活跃。因此，法兰西人坚信意大利值得征服，终会沦为法兰西王国的战利品，认为由于意大利内部存在纷争，征服它将轻而易举。阿拉贡国王斐迪南二世和卡斯蒂尔女王伊莎贝拉一世正忙于统一和扩张西班牙王国。作为西西里的统治者，阿拉贡国王斐迪南二世认为他对那不勒斯的统治权至少应该和他非法的阿拉贡表亲一样。斐迪南二世可能会支持自己的阿拉贡表亲反对法兰西王国的主张，但没有忘记关心那不勒斯王国的命运。神圣罗马帝国皇帝腓特烈三世仍然是意大利北部和中部公认的领主，固守着自己无力行使的权力。当洛伦佐·德·美第奇还是一个孩子时，腓特烈在罗马接受加冕，成为腓特烈三世，他是最后一个在罗马接受加冕的皇帝。腓特烈三世的加冕之旅穿越了意大利。腓特烈三世视米兰的斯福尔扎公爵们为篡位者，并抵制他们为获得他在米兰的皇室封地而做出的一切努力。作为奥地利议会

阿拉贡国王斐迪南二世

卡斯蒂尔女王伊莎贝拉一世

首领，腓特烈三世对威尼斯将其东部边境扩张到伊松佐河的行为感到愤愤不平。因此，腓特烈三世完全有理由在意大利树立自己的领导权威。尽管他既没有这样做的意愿，也没有这样做的手段。但他精力充沛、雄心勃勃的儿子马克西米利安在1486年被选为罗马国王。罗马国王干预意大利事务的可能性再次出现。不仅法兰西王国、西班牙王国和神圣罗马帝国有觊觎意大利的野心，奥斯曼土耳其帝国也继续对意大利东部海岸施加压力。奥斯曼土耳其帝国苏丹

腓特烈三世

穆罕默德二世对奥特兰托的占领令人不安,同时证明了意大利在面对入侵时的无能为力。

意大利人并非对强大邻国带来的危险视而不见。15世纪,意大利各个国家的公民逐渐意识到自己有一个值得捍卫的共同文明。联姻是在统治家族之间缔结的,并在家族忠诚度很高的民族中起着团结作用。意大利在洗礼、婚礼或城市守护神的节日,都会举行一些比赛和隆重的庆典活动,来自意大利各地的亲朋好友都会参加。学者和艺术家从一个中心转移到另一个中心,有时会引起各自统治者的反感。但更多时候,学者和艺术家们带着自己国君的推荐。将意大利团结在一起的共同文化遗产产生了一句当代妙语——意大利是一个国家,一座城市,它的城墙就是阿尔卑斯山脉。然而,意大利内部的争端和对抗并没有停止。有些争端是由于个人野心而引发的,但紧张局势的主要根源是内部不稳定。没有一个政权是真正稳固的,任何地方都有不满因素。邻国支持可能会引发公然叛乱,恐惧和野心一样,即使是名义上的盟友也会产生敌意。这些年,洛伦佐·德·美第奇为维护意大利和平做出了重要的贡献。他的政治才能让他明白既要做一个好佛罗伦萨人,也要做一个好意大利人。洛伦佐·德·美第奇对佛罗伦萨的控制比以往任何时候都更加牢固,也越来越受到其他同僚的信任。洛伦佐·德·美第奇作为一个和平缔造者的成就促使弗朗切斯科·圭恰迪尼将他与科林斯地峡相提并论。科林斯地峡是一块坚实的地带,阻止了波涛汹涌的大海相互撞击。

1480年,洛伦佐·德·美第奇与斐迪南一世签订的和平协议使吉罗拉莫·里亚里奥决心报复洛伦佐·德·美第奇和背弃自己的斐迪南一世。吉罗拉莫·里亚里奥要在教皇国实现抱负的想法,比以往任何时候都要坚定。费拉拉公爵埃尔科莱一世·德·埃斯特是教皇的封臣,强大的邻居——威尼斯共和国对他怀有敌意。1482年,吉罗拉莫·里亚里奥在威尼斯策划了一场联合战役,计划把埃尔科莱一世·德·埃斯特赶出费拉拉并瓜分战利品。战争即将爆发的消息使米兰、那不勒斯和佛罗伦萨三国同盟挺身而出,赶往战场,以捍卫费拉拉的独立。米兰公爵吉安·加莱亚佐·斯福尔扎立即命令乔瓦尼二世·本蒂沃利奥赶到战场。乔瓦尼二世·本蒂沃利奥受到了热烈欢迎，被誉为"来自天堂的天使"。佩萨罗勋爵科斯坦佐一世·斯福尔扎被选为佛罗伦萨特遣队领袖。在领主广场的一个高台上，人们向科斯坦佐一世·斯福尔扎隆重地递上了节杖和一面旗帜，深红色的旗帜上面是一朵银百合。费拉拉公爵夫人阿拉贡的莱昂诺拉是卡拉布里亚公爵阿方索的妹妹。卡拉布里亚公爵阿方索急着去保护妹妹，在威尼斯宣战之前就越过边境进入了教皇领地。卡拉布里亚公爵阿方索发现自己北上的道路被封锁了。因此，他失去了在锡耶纳争夺统治权的机会。卡拉布里亚公爵阿方索开始与科洛纳家族联手，准备一如既往地从教皇国的麻烦中捞取资本，把教皇国洗劫一空。教皇西斯笃四世发出了绝望的求救。作为回应，威尼斯人派出了将军罗伯托·马拉泰斯塔。在彭甸沼地的坎波莫托，罗

佩萨罗勋爵科斯坦佐一世·斯福尔扎

伯托·马拉泰斯塔大胜那不勒斯人，耀武扬威地进入了罗马，结果患了热病，死于罗马。几乎在同一时间，米兰、那不勒斯和佛罗伦萨盟军总司令乌尔比诺公爵费德里科·达·蒙泰菲尔特罗也因病而死。在罗伯托·马拉泰斯塔被征召到南方之前，这两位领导人曾在费拉拉附近产生过冲突。但同从事军火行业的朋友情谊将意大利雇佣军联系在一起，战场上的任何对手都无法打破这种关系。罗伯托·马拉泰斯塔和费德里科·达·蒙泰菲尔特罗死后，人们发现他们都将对方作为自己家庭和财产的监护人。

佛罗伦萨人的第一个战果是夺取了卡斯泰罗城，恢复了尼科洛·维泰利的领主地位。这使洛伦佐·德·美第奇的老盟友尼科洛·维泰利在台伯河谷掌控了战略地位，阻止了教皇军队进入罗马涅。罗伯托·马拉泰斯塔死后，他的家人被佛罗伦萨保护起来，以免吉罗拉莫·里亚里奥夺取里米尼，伤害他的家人。佛罗伦萨的军队也为保卫费拉拉发挥了重要作用，洛伦佐·德·美第奇也为恢复和平进行了积极的外交活动。他意外地找到了一个盟友，那就是大主教卡尔尼奥拉的安德鲁。卡尔尼奥拉的安德鲁曾因直言不讳地谴责教廷罪恶而在罗马被判入狱。然后，他去了巴塞尔，在那里宣布召开宗教会议，并传唤教皇西斯笃四世出席。洛伦佐·德·美第奇派了一位特使去巴塞尔，对卡尔尼奥拉的安德鲁表示赞同，并说自己的愿望是尽一切可能让教皇西斯笃四世和其外甥吉罗拉莫·里亚里奥难堪。"在巴塞尔，"洛伦佐·德·美第奇写道，"教皇西斯笃四世比在我们这里更遭人憎恨。"巴塞尔无视教皇西斯笃四世的停止教权令，继续支持卡尔尼奥拉的安德鲁。意大利其他强邦也显示出支持他的迹象。有人建议将比萨作为宗教会议地点。然而，整个计划很快就失败了。罗马国王马克西米利安一世不承认卡尔尼奥拉的安德鲁。卡尔尼奥拉的安德鲁被关进监狱，并在被关进监狱的第二年上吊自杀。他的秘书认为他当时的精神已经错乱。有志之士都愿意支持这位头脑清醒的宗教会议的拥护者——卡尔尼奥拉的安德鲁，表明教皇西斯笃四世在欧洲的声望已经非常低了。

与此同时，威尼斯使费拉拉濒临失败的边缘。埃尔科莱一世·德·埃斯特打算逃到摩德纳，但被佛罗伦萨特使说服留在了费拉拉。盟友进展的不顺和宗教会议都让教皇西斯笃四世感到恐慌。1482年12月，教皇西斯笃四世与那不勒斯、米兰和佛罗伦萨签订了保护费拉拉的条约，要求威尼斯放下武器。然而，威尼斯决定单枪匹马地战斗，不想放弃唾手可得的战利品。1483年年初，那不勒斯、米兰和佛罗伦萨三方同盟在克雷莫纳举行了代表大会，计划起诉发动战争的国家。洛伦佐·德·美第奇作为佛罗伦萨代表出席了会议，尽管路易十一提醒他不要再一次冒被吉罗拉莫·里亚里奥谋害的危险。在随后的战斗中，威尼斯不仅守住了自己的阵地，而且发起了进攻，派遣一支军队进入了米兰。同时，威尼斯舰队占领了阿普利亚海岸的一些港口。威尼斯人意识到他们无法长期单独对抗这么多对手，于是号召法兰西的洛林公爵勒内二世提出对那不

法兰西的洛林公爵勒内二世

奥尔良公爵路易二世

勒斯的领土主张，同时邀请奥尔良公爵路易二世[①]向米兰提出领土主张。威尼斯对路易二世的邀请使卢多维科·斯福尔扎立即失去了对战争的兴趣。卢多维科·斯福尔扎与威尼斯达成了一种秘密谅解。1484年8月，双方缔结了《巴尼奥洛和约》。费拉拉被迫将罗维戈富饶的波莱塞拉地区割让给威尼斯，使威尼斯共和国的南部边界延伸至波河。因此，只有威尼斯从签订的协议中获益。1484年8月，教皇西斯笃四世去世。人们普遍认为他的死亡是对自己肆意挑起的战争结局感到愤怒的结果。

---

① 1498年，即位为法兰西国王，称法兰西国王路易十二。——译者注

费拉拉战争是意大利历史上一段不光彩的插曲。两个强大邻国无端攻击一个小国。教皇西斯笃四世抛弃了被吉罗拉莫·里亚里奥拖入战争的威尼斯。威尼斯邀请法兰西王国两位公爵向那不勒斯和米兰宣称主权。卢多维科·斯福尔扎背叛了费拉拉。那不勒斯、米兰和佛罗伦萨三方同盟企图煽动土耳其人反对威尼斯。这一切都体现出战争双方对个人利益和暂时利益的追逐，不顾与意大利的共同利益和对盟友的忠诚。洛伦佐·德·美第奇本人并没有毫发无损地从这场磨难中走出来。帕齐战争期间，佛罗伦萨的萨尔扎纳要塞被热那亚人占领。令人失望的是，《巴尼奥洛和约》没有规定归还萨尔扎纳要塞。洛伦佐·德·美第奇借口彼得拉桑塔城的热那亚驻军抢劫了一支佛罗伦萨车队，当时这支佛罗伦萨车队正在前往佛罗伦萨萨尔扎纳要塞的路上，于是洛伦佐·德·美第奇派了一支军队围攻并占领了彼得拉桑塔城。1487年，萨尔扎纳也在佛罗伦萨的进攻下沦陷了。佛罗伦萨的北部边境得到了加强，帕齐战争造成的最后一个失利也被彻底消除，佛罗伦萨人欣喜若狂。然而，洛伦佐·德·美第奇意识到在萨尔扎纳的收益引起了热那亚和米兰的敌意。佛罗伦萨的征服行动加速了热那亚的衰弱，使其重新回到了米兰的霸主地位之下。卢多维科·斯福尔扎也不再热心于洛伦佐·德·美第奇提出的维护意大利列强之间和平与友谊的建议了。

对乔瓦尼·巴蒂斯塔·奇博成为教皇英诺森八世这件事，洛伦佐·德·美第奇认为要避免的主要危险是圣彼得的位置上坐上了"另一个西斯笃"。根据佛罗伦萨特使的说法，新教皇英诺森八世曾是热那亚枢机主教，几乎没有治国经验，所以乔瓦尼·巴蒂斯塔·奇博会听从别人的建议。洛伦佐·德·美第奇立刻把自己塑造成教皇导师的角色。但过了一段时间，洛伦佐·德·美第奇才得到了犹豫不决的英诺森八世的信赖。起初，教皇英诺森八世的政策主要是由枢机主教朱利亚诺·德拉·罗韦雷指导。朱利亚诺·德拉·罗韦雷是已故教皇西斯笃四世的侄子。即使在当时，朱利亚诺·德拉·罗韦雷也表现出想要通过武力来增加教皇权力的愿望，就像后来他成为教皇尤里乌斯二世后表现出的那

萨尔扎纳要塞

样。在朱利亚诺·德拉·罗韦雷的鼓励下，教皇英诺森八世决心维护自己在那不勒斯王国的权威，并将那不勒斯国王斐迪南一世送的白色驯马归还给了斐迪南一世，表示斐迪南一世应该向他进贡。白色驯马本来是作为传统礼物送给新教皇的，以示教皇的宗主地位。那不勒斯贵族们对斐迪南一世的重税和专制政策越来越不满。1485年，教皇英诺森八世宣称自己是那不勒斯的捍卫

朱利亚诺·德拉·罗韦雷

者，并宣布开战，想尽办法给斐迪南一世在国内制造麻烦，并将斐迪南一世与盟友分离。

对洛伦佐·德·美第奇来说，形势十分不利。他的主要目标之一是避免与教皇英诺森八世发生冲突，但这会严重破坏自己与那不勒斯国王斐迪南一世之间的信任。过去的经验告诉他，从长远来看，那不勒斯是比教皇更可怕的敌人。洛伦佐·德·美第奇坚定地站在同盟者一边，代表自己向教皇英诺森八世求情，同时敦促斐迪南一世不要激怒教皇英诺森八世，消除王爵们一些突出的不满。然而，教皇英诺森八世和斐迪南一世都没有和解的打算。斐迪南一世指望在战场上轻松取胜，指望依靠西班牙的外交支持。教皇英诺森八世说服威尼斯让罗伯托·达·圣塞韦里诺暂停服役，任命这位经验丰富的雇佣兵首领为教会总指挥官。教皇英诺森八世向所有帮助斐迪南一世的人发出了逐出教会令，邀请法兰西的勒内二世向那不勒斯宣示主权。意大利战争发生的可能性似乎越来越大。法兰西王国使节的到来，使佛罗伦萨想起了过去对教会的忠诚，想起了佛罗伦萨从法兰西得到的好处，想起了最近从卡拉布里亚公爵阿方索那里受到的伤害，引起了人们的深思。教皇英诺森八世的责难及与法兰西的贸易损失是佛罗伦萨不得不警惕和考虑的事情。尽管如此，佛罗伦萨十人战争委员会还是接受了洛伦佐·德·美第奇的指导，以书面形式回复了法兰西王国特使，表示自己与那不勒斯是通过联盟紧密联系在一起的，同时表达了对和平的强烈渴望及与法兰西的友谊是坚不可摧的。洛伦佐·德·美第奇则对法兰西王国干涉的威胁并不重视。事实上，他认为法兰西王国的干涉是一个有用的手段，可以促使吉安·加莱亚佐·斯福尔扎履行义务，积极支持斐迪南一世。在所谓的"王爵战争"期间，佛罗伦萨在战争中的参与仅限于征募了洛伦佐·德·美第奇一些奥尔西尼亲戚支持那不勒斯，为佛罗伦萨筹款。与此同时，为了使卢多维科·斯福尔扎坚定不移地维持联盟，以及防止威尼斯和意大利一些较小国家站在教皇英诺森八世一边而卷入冲突，洛伦佐·德·美第奇进行了不懈的外交活动。

战争初期，教皇一方时运较好，卡拉布里亚公爵阿方索被迫在托斯卡纳避难。然而，1486年5月，形势发生了逆转，那不勒斯人在蒙托里奥取得了决定性胜利。现在，洛伦佐·德·美第奇把主要精力放在促使参战双方达成协议上。洛伦佐·德·美第奇与教皇英诺森八世的中间人是佛罗伦萨大主教里纳尔多·奥尔西尼。里纳尔多·奥尔西尼深受教皇英诺森八世信任，和洛伦佐·德·美第奇一起使教皇英诺森八世认识到朱利亚诺·德拉·罗韦雷竭力主张的政策已经失败。法兰西人没有来，意大利各城邦也没有同心协力地支持教会的事业。1486年8月，教皇英诺森八世和斐迪南一世签署了和平协议。斐迪南一世同意恢复向教皇英诺森八世进贡。教皇英诺森八世也允许斐迪南一世自行处理与反叛贵族之间的关系。罗伯托·达·圣塞韦里诺在返回北方之前，被迫解散了军队，从而消除了一个容易引起动乱的因素。

  洛伦佐·德·美第奇对教皇英诺森八世和斐迪南一世签署的和平协议感到失望，因为和平条款没有提到他对萨尔扎纳的所有权主张，也没有提到他要求对佛罗伦萨神职人员征税的许可。洛伦佐·德·美第奇认为他使战争局部化和迅速结束做出的努力没有得到充分的回报。然而，洛伦佐·德·美第奇和教皇英诺森八世之间的亲密关系障碍现在已经消除了。他可以致力于树立自己在教皇英诺森八世面前的威信。洛伦佐·德·美第奇在接下来的几年中给佛罗伦萨驻罗马代表写了一系列信，人们就是从这些信中了解到他采取的手段。洛伦佐·德·美第奇亲自写了很多信，其他信是他的机要秘书皮耶罗·达·毕毕印纳写的。这些信详细告知了英诺森八世需要注意的一些政治问题，以及向教皇英诺森八世提出的建议和打算影响到教皇英诺森八世的一些观点。洛伦佐·德·美第奇不遗余力地满足教皇英诺森八世的个人爱好。他知道教皇英诺森八世喜欢蒿雀，在给佛罗伦萨驻罗马的代表的一封信中写道，从今以后，每一位到罗马的佛罗伦萨信使都要为教皇英诺森八世带来蒿雀。另一封信说，佛罗伦萨信使带来了十八瓶教皇英诺森八世喜欢的红酒，还有一种叫维奈西卡的名酒。据但丁·阿利吉耶里的说法，早先曾有一位教皇因过度沉溺于这种酒而进了炼狱。教皇英诺森八世需要一些布料制作斗篷，洛伦佐·德·美第奇立马派人送来了一块粉色布料,不久之后,又送来了一些非常漂亮的锦缎。洛伦佐·德·美第奇说自己最大的愿望就是让教皇英诺森八世快乐和满足。正如预料的那样,其中许多信是请求教皇英诺森八世支持佛罗伦萨、美第奇家族及其朋友。教皇英诺森八世对洛伦佐·德·美第奇也越来越仁慈,相信洛伦佐·德·美第奇的判断。一位费拉拉使者用生动的语言表达了洛伦佐·德·美第奇和教皇英诺森八世之间的关系,他写道:"教皇连睡觉都逃不过'伟大的洛伦佐'的眼睛。"教皇英诺森八世欣然同意了儿子弗兰切斯凯托·奇博和洛伦佐·德·美第奇的女儿玛达莱娜·德·美第奇的婚姻。后来洛伦佐·德·美第奇的儿子乔瓦尼·迪·洛伦佐·德·美第奇成为枢机主教。洛伦佐·德·美第奇的努力得到了回报。

玛达莱娜·德·美第奇

罗马涅是意大利动荡不安的一个长期原因。这既是各大国在罗马涅建立立足点的野心导致的，也是各个城市在统治家族枷锁下的躁动不安导致的。从吉罗拉莫·里亚里奥在弗利被谋杀开始，1488年成了暗杀泛滥的一年。教皇西斯笃四世死后，吉罗拉莫·里亚里奥失去了作恶能力，只是一个小小的领主，主要依靠妻子卡特琳娜·斯福尔扎是斯福尔扎家族成员这一点来获得支持。吉罗拉莫·里亚里奥的刺杀者是他自己手下的两名军官，但弗利市民憎恶他，于是抓住反叛的机会。民众进入了宫殿，把吉罗拉莫·里亚里奥的尸体扔出窗外，俘虏了他的遗孀和孩子。弗利的城里升起了教会的旗帜，但弗利城主拒绝让出堡垒。大街上，教会人员的叫喊声和城堡卫戍部队的回应声此起彼伏。卡特琳娜·斯福尔扎设法欺骗俘虏她的人，进入了堡垒。正是由于她的英勇反抗，才能为幼子奥塔维亚诺·里亚里奥保住了弗利和伊莫拉的爵位。与此同时，米兰军队

奥塔维亚诺·里亚里奥

也在迅速地向卡特琳娜·斯福尔扎提供援助，而反叛者没有像原先预料的那样得到教皇英诺森八世的支持。教皇英诺森八世未能利用此次机会将弗利和伊莫拉这两座城市直接纳入教会统治，这就有了洛伦佐·德·美第奇影响的痕迹。洛伦佐·德·美第奇在听到吉罗拉莫·里亚里奥被杀的消息后，匆忙从博洛尼亚赶过来，不是因为伤心。洛伦佐·德·美第奇知道维护教皇英诺森八世的主张会遭到广泛抵制，而维护奥塔维亚诺·里亚里奥的统治则符合意大利的和平利益。因此，洛伦佐·德·美第奇自称为弗利夫人卡特琳娜·斯福尔扎的拥护者，命令自己的使节请求教皇英诺森八世善待她。卡特琳娜·斯福尔扎一边承认洛伦佐·德·美第奇是她的保护者，一边恳请他向教皇英诺森八世表明她是忠实的仆人。卡特琳娜·斯福尔扎的统治一直持续到她被切萨雷·博尔贾从伊莫拉

切萨雷·博尔贾

和弗利赶出来。在被赶出来之前,卡特琳娜·斯福尔扎嫁给了乔瓦尼·弗朗切斯科·德·美第奇,为他生了一个儿子叫乔瓦尼·达勒·班德·内雷。因为这个儿子,她成了托斯卡纳大公科西莫一世·德·美第奇的外祖母。

1488年,弗利危机发生一个月后,法恩扎领主加莱奥托·曼弗雷迪在妻子弗朗切斯卡·本蒂沃利奥的卧室里被谋杀,凶手正是他妻子雇佣的。弗朗切斯卡·本蒂沃利奥完全有理由对丈夫不满,因为丈夫曾羞辱过自己。但她是乔瓦尼二世·本蒂沃利奥的女儿,她的父亲乔瓦尼二世·本蒂沃利奥和米兰军队一

乔瓦尼·达勒·班德·内雷

起出现在法恩扎,说明袭击这座城市是蓄意而为的,是为了米兰和本蒂沃利奥家族的利益。法恩扎公民为捍卫自己的利益而武装起来,在法恩扎领地农民的帮助下,制伏了米兰军队,杀死了米兰指挥官,俘虏了乔瓦尼二世·本蒂沃利奥。在罗马有传闻说,乔瓦尼二世·本蒂沃利奥已经被杀掉了,很快整个罗马涅也会被烧掉。为了维护一个小国独立,洛伦佐·德·美第奇又一次介入。他在法恩扎的代理人说服公民把乔瓦尼二世·本蒂沃利奥交给佛罗伦萨看守。随后,洛伦佐·德·美第奇和乔瓦尼二世·本蒂沃利奥在卡法吉奥罗举行了一次会晤,双方达成了和解。作为法恩扎独立的保证,乔瓦尼二世·本蒂沃利奥被释放,所有的博洛尼亚囚犯都被遣送回国。寡居的弗朗切斯卡·本蒂沃利奥和囚犯们一起离开了,留下了她的儿子阿斯托雷三世·曼弗雷迪。阿斯托雷三世·曼弗雷迪是公认的法恩扎领主,是由法恩扎的公民共同抚养长大的。从那时起,法恩扎把洛伦佐·德·美第奇看作其自由的守护者。实际上,佛罗伦萨成了法恩扎的保护国。

1488年是致命的一年。博洛尼亚也有一场阴谋正在策划中,目的是刺杀乔瓦尼二世·本蒂沃利奥及其全家。这场阴谋的主谋是马尔韦齐家族成员。马尔韦齐家族对乔瓦尼二世·本蒂沃利奥的统治越来越不满,希望得到博洛尼亚内外的支持,派使者去探卢多维科·斯福尔扎和洛伦佐·德·美第奇的口风。1471年,乔瓦尼二世·本蒂沃利奥就在米兰担任雇佣兵首领,与佛罗伦萨的关系也很密切。乔瓦尼二世·本蒂沃利奥在罗马涅政治中的主导作用,以及他在赞助人之间的挑拨离间后得利的行为都没有逃过卢多维科·斯福尔扎和洛伦佐·德·美第奇的眼睛。法恩扎事件发生后,洛伦佐·德·美第奇对乔瓦尼二世·本蒂沃利奥特别友好,但这使乔瓦尼二世·本蒂沃利奥产生了怀疑,怀疑洛伦佐·德·美第奇对他的信任有多深。正如乔瓦尼二世·本蒂沃利奥给自己罗马代理人的一封忠告信中说的,一个统治者通常更重视一件让人猜疑的事情,而不是一百个好处。洛伦佐·德·美第奇忘记了博洛尼亚曾发出的关于自己父亲被谋杀的警告,还有帕奇阴谋发生时,乔瓦尼二世·本蒂沃利奥冲向亚平宁山脉的事情,而是听取了马尔韦齐家族摆在他面前的计划。"他赞同,但不准许。"这是马尔韦齐家族的一名成员在描述自己外交任务结果时说的话。对佛罗伦萨而言,博洛尼亚的事情要由他们自己决定。

1488年11月的一个晚上,乔瓦尼二世·本蒂沃利奥一家正坐在富丽堂皇的宫殿里用膳。谋杀他们的计划已经制订好了。然而,由于参与袭击的一个助手疏忽大意,谋杀计划被泄露,乔瓦尼二世·本蒂沃利奥一家得救了。洛伦佐·德·美第奇向乔瓦尼二世·本蒂沃利奥表示了热烈祝贺,祝贺他摆脱了谋杀,表示愿意帮助乔瓦尼二世·本蒂沃利奥将可能在佛罗伦萨避难的马尔韦齐家族人员绳之以法。在洛伦佐·德·美第奇的余生中,他与乔瓦尼二世·本蒂沃利奥始终保持着友好关系。尽管如此,马尔韦齐阴谋及其"后遗症"还是给意大利团结带来了新的打击。乔瓦尼二世·本蒂沃利奥报复了马尔韦齐家族所有的人和跟马尔韦齐阴谋有牵连的人,比美第奇家族对帕齐家族的报复和迫害更冷酷,也更持久。在意大利,特别是在马尔韦齐家族有很多朋友的米兰,人们对受害者表示同情,因为其中很多人都是无辜的。卢多维科·斯福尔扎甚至说他不信任乔瓦尼二世·本蒂沃利奥,对上帝保护他感到很惊讶。乔瓦尼二世·本蒂沃利奥因以前的一些朋友是马尔韦齐家族的秘密支持者而心神不宁。乔瓦尼二世·本蒂沃利奥专心解决城邦内外的问题,不再考虑博洛尼亚在意大利对外防守中起的作用。

此时,洛伦佐·德·美第奇最关心的是如何避免那不勒斯和教皇英诺森八世之间的冲突。斐迪南一世把反叛自己的男爵们处决、监禁或流放。男爵们的命运让教皇英诺森八世愤怒不已,让他愤怒的还有其他一些事情。斐迪南一世并没有按照承诺缴纳贡品。在靠近那不勒斯边境的阿斯科利教皇城,卡拉布里亚公爵阿方索煽动了一场叛乱。随着法兰西王国的安妮·德·博热摄政结束,她沿袭自父亲路易十一的"不干涉意大利"政策也随之结束,紧张局势进一步加剧。此时,安茹王朝的统治权已经移交给了法兰西国王。年轻的法兰西国王查理八世有了自主权之后,开始考虑远征那不勒斯。这次远征很可能把土

安妮·德·博热

耳其人赶出君士坦丁堡。查理八世的野心受到了法兰西宫廷中那不勒斯流亡者的鼓励。那不勒斯流亡者向查理八世保证很容易就能征服那不勒斯，因为那不勒斯王国的一半人都支持安茹王朝对那不勒斯宣示主权。在斐迪南一世和教皇英诺森八世关系最紧张的时候，查理八世接受了教皇英诺森八世任命他为那不勒斯国王的授职书。在关键的几个月，洛伦佐·德·美第奇向教皇英诺森八世提出了一连串的建议：教皇英诺森八世对斐迪南一世的态度应该坚定而庄重；用武力镇压阿斯科利的叛乱是危险的；教皇英诺森八世应该设法在不得罪查理八世的情况下暂时迁就他；教皇英诺森八世应该和罗马国王马克西米利安一世建立友好关系，因为马克西米利安一世可能是"所有狗的打狗棒"，每个意大利人都怕他。早在1492年，斐迪南一世和教皇英诺森八世就达成了协议：斐迪南一世同意一次性支付教皇英诺森八世一大笔钱，教皇英诺森八世承认了阿拉贡人的继承权。人们普遍认为，这一和平解决是通过洛伦佐·德·美第奇的努力得以实现的。大约这个时候，查理八世写了一封信，请求洛伦佐·德·美第奇用他对教皇英诺森八世的巨大影响力，为一位法兰西王国王室议员争取一笔善款。这表明洛伦佐·德·美第奇与教皇英诺森八世的关系在阿尔卑斯山脉两边都受到赞赏。

查理八世的计划暂时搁浅了。但一场斗争正在酝酿之中，目的是为查理八世打通通往意大利的道路。卢多维科·斯福尔扎与那不勒斯的关系一直很密切。他控制着巴里的封地，他在米兰流亡期间曾在那不勒斯避难。卢多维科·斯福尔扎的受监护人吉安·加莱亚佐·斯福尔扎和斐迪南一世的孙女阿拉贡的伊莎贝拉之间的婚姻进一步加强了斯福尔扎家族和阿拉贡家族之间的关系。事实上，这次联姻产生了相反的效果。统治米兰的是卢多维科·斯福尔扎而不是吉安·加莱亚佐·斯福尔扎。阿拉贡的伊莎贝拉决心在米兰起主导作用，因为她是公爵夫人。新纷争让洛伦佐·德·美第奇感到不安，因为他和大多数意大利统治者一样，认为卢多维科·斯福尔扎不值得信任。洛伦佐·德·美第奇向卢多维科·斯福尔扎保证，无论卢多维科·斯福尔扎采取什么

阿拉贡的伊莎贝拉

行动，他都将默许。卢多维科·斯福尔扎要娶阿拉贡的伊莎贝拉，结束她与吉安·加莱亚佐·斯福尔扎的联盟，这在洛伦佐·德·美第奇看来很危险。不久，卢多维科·斯福尔扎娶了贝亚特里切·德斯特。阿拉贡的伊莎贝拉发现自己的风头竟被竞争对手——贝亚特里切·德斯特夺去了。贝亚特里切·德斯特以自己的魅力和活力成了宫廷偶像。卡拉布里亚公爵阿方索一心要为女儿阿拉贡的伊莎贝拉蒙受的冤屈报仇雪恨，没有忘记自己的祖父阿拉贡国王阿方索五

贝亚特里切·德斯特

米兰公国的徽章

世曾被最后一位维斯孔蒂公爵菲利波·马里亚·维斯孔蒂指定为米兰公国的继承人。利用那不勒斯的武装干涉去推翻卢多维科·斯福尔扎的统治,让合法的公爵吉安·加莱亚佐·斯福尔扎和公爵夫人阿拉贡的伊莎贝拉掌权似乎迫在眉睫。与佛罗伦萨一样,米兰和法兰西王国也保持着亲密的友谊。卢多维科·斯福尔扎在穷途末路的时候曾向查理八世求助。考虑到法兰西人对米兰的主权主张,这对卢多维科·斯福尔扎来说是一个危险举动。但查理八世和他的奥尔良亲戚之间水火不容,卢多维科·斯福尔扎决定拿此碰碰运气。卢多维科·斯福尔扎可能认为,入侵的威胁会使卡拉布里亚公爵阿方索偏离目标。在这种情况下,就像以前一样,法兰西人是不会来的。然而,查理八世在米兰和那不勒斯的争斗中看到了机会。1492年4月，里昂美第奇银行的经理写信提醒洛伦佐·德·美第奇法兰西入侵的严重性。但在洛伦佐·德·美第奇去世后几天，这封急件才送达佛罗伦萨。

查理八世的远征意味着意大利独立的终结，但这并不是不可避免的。法兰西王国对查理八世计划的强烈反对，使他到最后一刻还在犹豫不决。意大利列强的联合反对会使他偏离目标。对米兰和那不勒斯之间的矛盾，意大利也做出了一些尝试性的调停工作。洛伦佐·德·美第奇可能已经取得了一定的成效。后来，米兰和那不勒斯之间的调节工作落到了洛伦佐·德·美第奇的儿子皮耶罗·迪·洛伦佐·德·美第奇身上。意大利四分五裂。查理八世在意大利所向披靡，在洛伦佐·德·美第奇死后不到两年，就在那不勒斯站稳了脚跟。

第11章
洛伦佐·德·美第奇和家庭

精彩看点

弗朗切斯科·圭恰迪尼的愿望——克拉丽丝·奥尔西尼和孩子们做客——洛伦佐·德·美第奇与家人团聚——乔瓦尼·迪·洛伦佐·德·美第奇——朱利亚诺·迪·洛伦佐·德·美第奇——卢克雷齐娅·德·美第奇——玛达莱娜·德·美第奇——克拉丽丝·奥尔西尼去世——卢克雷齐娅·德·美第奇的婚姻

弗朗切斯科·圭恰迪尼在笔记本中写的一篇随笔中，坦承自己主要有两个愿望。一个愿望是佛罗伦萨的荣耀和自由能够一直持续下去，另一个愿望是圭恰迪尼家族能够获得永久的声望。和所有商人家族成员一样，弗朗切斯科·圭恰迪尼认为佛罗伦萨的辉煌是建立在公民代表的成功之上的。因此，在弗朗切斯科·圭恰迪尼看来，自己的两个目标其实是一个。洛伦佐·德·美第奇在写给儿子——新任罗马枢机主教乔瓦尼·迪·洛伦佐·德·美第奇——的信中也表达了类似想法。洛伦佐·德·美第奇写道，乔瓦尼·迪·洛伦佐·德·美第奇必须努力帮助自己的城市和家庭，必须像链条一样把佛罗伦萨和罗马连在一起，这样就可以为美第奇家族的利益服务。因为美第奇家族的利益与佛罗伦萨的利益是一致的。"家与城同在。"如果说个人主义是时代的标志，那么家族团结也不例外。家族团结体现在日常生活的环境中，体现在几代人共同居住的家族宅邸中。孩子们在家族宅邸中接受家庭教师的教育，每个成员的言行都受到大家的关注。洛伦佐·德·美第奇喜欢和自己的孩子们在一起，是他那个时代的楷模。从洛伦佐·德·美第奇的信中可以看出，在帕齐战争期间，家族圈子的破裂对他来说是巨大的损失。

1478年，克拉丽丝·奥尔西尼和孩子们作为潘恰蒂基家族的客人在皮斯托亚度过了一个夏天。潘恰蒂基家族是美第奇家族的忠实拥护者，对克拉丽丝·奥尔西尼和孩子们关心至极。1478年11月，为了保证安全的可靠性，克拉丽丝·奥尔西尼和孩子们搬到了卡法吉奥罗。作为皮耶罗·迪·洛伦佐·德·美第奇的家庭教师，安杰洛·波利齐亚诺陪伴着他们。对安杰洛·波利齐亚诺来说，整个冬天都被关在亚平宁别墅简直难以忍受。在给洛伦佐·德·美第奇写信时，安杰洛·波利齐亚诺尽可能表现得愉快，但在给洛伦佐·德·美第奇的母亲卢克雷齐娅·托尔纳博尼写信时，他倾诉了自己的忧伤。天气很冷，他大部分时间都穿着拖鞋和大衣坐在火炉旁。由于下雨，安杰洛·波利齐亚诺不能外出，所以给孩子们制定了打球的游戏来锻炼身体。为了增加比赛的趣味性，输的孩子得少吃一道菜，结果通常以眼泪告终。克拉丽丝·奥尔西尼为丈夫洛伦佐·德·美第奇准备了充足的鹧鸪，在信中恳求他回家，离开瘟疫肆虐的佛罗伦萨。孩子们常问："洛伦佐什么时候来？"克拉丽丝·奥尔西尼和安杰洛·波利齐亚诺之间的争吵使事情变得更糟。最后，1479年春天，安杰洛·波利齐亚诺离开了卡法吉奥罗，去了菲耶索莱。临走前，安杰洛·波利齐亚诺教皮耶罗·迪·洛伦佐·德·美第奇用拉丁文给洛伦佐·德·美第奇写信。在一封信中，皮耶罗·迪·洛伦佐·德·美第奇说他和姐姐卢克雷齐娅·德·美第奇正在比赛谁写信最好。卢克雷齐娅·德·美第奇在给祖母卢克雷齐娅·托尔纳博尼写信，而皮耶罗·迪·洛伦佐·德·美第奇在给父亲写信。谁得到了想要的东西就被认为是获胜者。皮耶罗·迪·洛伦佐·德·美第奇的要求是一匹被承诺已久的小马。当终于得到小马之后，皮耶罗·迪·洛伦佐·德·美第奇形容它是"如此英俊，如此完美，令人赞不绝口"。另一封信则描述了全家人的情况，从九岁的卢克雷齐娅·德·美第奇到几个月大的朱利亚诺·迪·洛伦佐·德·美第奇。皮耶罗·迪·洛伦佐·德·美第奇写道：

> 我们都很好，都在学习，乔瓦尼（乔瓦尼·迪·洛伦佐·德·美第奇）会拼写了，你可以亲眼看到我写作的进步情况。至于希腊语，我是在马蒂诺（马蒂诺·达·科梅迪亚）的帮助下学习的，但进展

不大。朱利亚诺（朱利亚诺·迪·洛伦佐·德·美第奇）只会笑。卢克雷齐娅（卢克雷齐娅·德·美第奇）缝纫、唱歌、看书。玛达莱娜（玛达莱娜·德·美第奇）的头撞到了墙上，但没有受伤。路易莎（路易莎·德·美第奇）能说很多话了。孔泰西纳（孔泰西纳·德·美第奇）很吵闹，我们都希望您能和我们在一起。

皮耶罗·迪·洛伦佐·德·美第奇写这封信的时候已经七岁多了，有人认为他写信时可能得到了马蒂诺·达·科梅迪亚的帮助。在安杰洛·波利齐亚诺离开后，马蒂诺·达·科梅迪亚成了皮耶罗·迪·洛伦佐·德·美第奇的家庭教师。这些信中轻松、熟悉的语气反映了父子之间天生的亲密关系。

佛罗伦萨重获和平后，洛伦佐·德·美第奇才和家人团聚。他对孩子的性格和能力有自己的看法，说自己的三个儿子，一个愚蠢，一个聪明，一个善良。由于未能在佛罗伦萨保住自己的位置，人们可能过分强调了皮耶罗·迪·洛伦佐·德·美第奇愚笨的一面。皮耶罗·迪·洛伦佐·德·美第奇曾写信给父亲说："我保证将竭尽全力成为您想要我成为的人。"在佛罗伦萨的洛伦佐图书馆

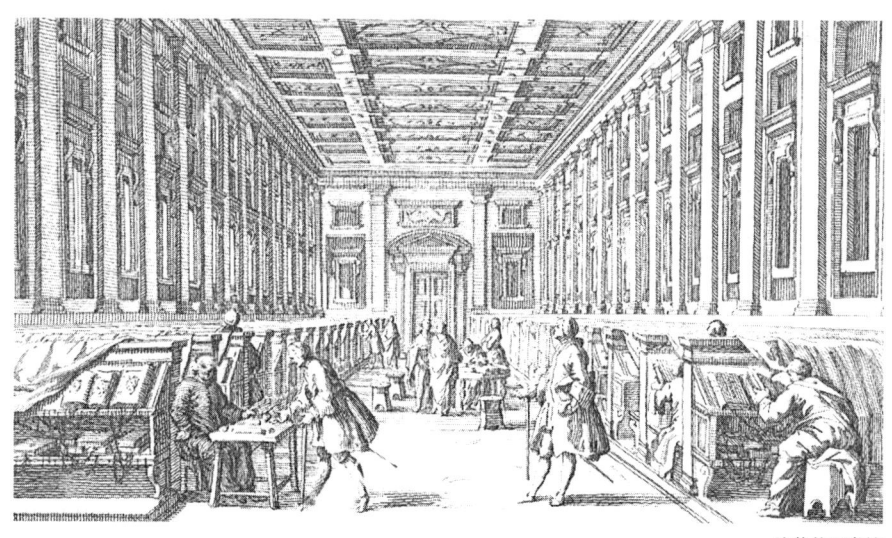

洛伦佐图书馆

第 11 章 洛伦佐·德·美第奇和家庭

里,有一本赫西奥德的著作,有人用希腊语写着这样一句话:"这本书属于洛伦佐·德·美第奇的儿子皮耶罗·迪·洛伦佐·德·美第奇,父亲送给他的,作为对良好行为和热爱学习的奖励。"皮耶罗·迪·洛伦佐·德·美第奇天生爱好体育,但为了取悦父亲,他坚持不懈地进行古典研究,还因此而获奖。他还听从了父亲的规劝,要做一个举止得体的佛罗伦萨公民。在父亲洛伦佐·德·美第奇去世后,皮耶罗·迪·洛伦佐·德·美第奇拒绝了那不勒斯国王斐迪南一世授予

皮耶罗·迪·洛伦佐·德·美第奇

他男爵的提议,说不愿打破祖先的传统,因为他们从来只想做普通公民。皮耶罗·迪·洛伦佐·德·美第奇以父亲为榜样的愿望是真诚的,但不够聪明,不知如何去做。他不像美第奇家族的人,更像奥尔西尼家族的人。皮耶罗·迪·洛伦佐·德·美第奇身上没有科西莫·德·美第奇希望在孙子们身上看到的智慧。皮耶罗·迪·洛伦佐·德·美第奇既没有对付佛罗伦萨人的判断力,也没有对付他们的机智与圆滑。他那种神气十足的样子让人生气。市民们拿"奥尔西尼"和"熊"两个字开玩笑,谴责他的举止如熊一样粗暴无礼。

乔瓦尼·迪·洛伦佐·德·美第奇是家里的聪明孩子,从小就注定要从事神职工作。在八岁之前,乔瓦尼·迪·洛伦佐·德·美第奇就成了低级神品。由于教皇英诺森八世授予他教廷最高书记的头衔,他从此被称为乔瓦尼先生。乔瓦尼·迪·洛伦佐·德·美第奇热爱文化,是一个真正的美第奇人。他从美第奇图书馆借过很多书,从借的书目可以看出他文学品位的多样性。他关注法律、神学、古代诗人和演说家及用方言创作的作品,对数学也特别感兴趣。然而,他对这一切都只是浅薄涉猎。安杰洛·波利齐亚诺很快被重新任命为乔瓦尼·迪·洛伦佐·德·美第奇的家庭教师。但克拉丽丝·奥尔西尼坚持认为应该用《圣咏集》而不是古典文本来教授孩子们学习拉丁文后,安杰洛·波利齐亚诺就不再负责乔瓦尼·迪·洛伦佐·德·美第奇的学习了。也没有迹象表明乔瓦尼·迪·洛伦佐·德·美第奇受到了马尔西利奥·费奇诺的影响。他早期的学习是由贝尔纳多·米凯洛齐指导的。贝尔纳多·米凯洛齐兴趣广泛,但说不上学识渊博。之后,乔瓦尼·迪·洛伦佐·德·美第奇在比萨大学学习了三年,毕业于教会法专业。热爱艺术,尤其是音乐,乐于享受,尽量避免给自己招惹麻烦,这是乔瓦尼·迪·洛伦佐·德·美第奇年轻时的特点,也是他成为美第奇家族第一任教皇时的特点。据说,乔瓦尼·迪·洛伦佐·德·美第奇登基时曾对堂弟朱利奥·迪·朱利亚诺·德·美第奇说:"让我们享用教皇职权吧,因为这是神赐给我们的。"他的神职人员身份从早期就被用来服务于佛罗伦萨和美第奇家族利益。洛伦佐·德·美第奇设法为儿子乔瓦尼·迪·洛伦佐·德·美第奇在佛罗伦萨所有的领地内谋取利益。在通往锡耶纳路上的帕西尼亚诺修道院，以及普拉托、阿诺与台伯山谷和穆杰罗的教堂都是授予乔瓦尼·迪·洛伦佐·德·美第奇的。所有这些都是扩大美第奇家族影响的手段，也是获得土地财产以抵消贸易波动的手段。斐迪南一世把卡西诺山上的修道院赐给了乔瓦尼·迪·洛伦佐·德·美第奇，密切了与佛罗伦萨的盟友关系。1489年，乔瓦尼·迪·洛伦佐·德·美第奇被提升为枢机主教，取得了巨大成功。洛伦佐·德·美第奇一直渴望家里有一位枢机主教。这样的荣誉将使美第奇家族与斯福尔扎、埃斯特和贡扎加等家族平起平坐。教士团中的佛罗伦萨代表将会为佛罗伦萨带来很多好处。

与教皇西斯笃四世决裂之前，洛伦佐·德·美第奇曾力促教皇西斯笃四世任命他的弟弟朱利亚诺·德·美第奇为教士团成员，但未能说服教皇西斯笃四世。教皇英诺森八世比前任教皇西斯笃四世要随和得多，很乐意帮洛伦佐·德·美第奇的忙。但因为乔瓦尼·迪·洛伦佐·德·美第奇太年轻了，教士团成员明显对美第奇家族持反对态度。在达到目的之前，需要进行艰苦的外交活动和投入大量的资金。有一段时间曾商讨是否有可能从登记册上删除乔瓦尼·迪·洛伦佐·德·美第奇的受洗日期，请证人宣誓说乔瓦尼·迪·洛伦佐·德·美第奇比实际年龄大两岁。最后传来了令人高兴的消息，除了威尼斯枢机主教马尔科·巴尔博，教士团所有成员都同意让十三岁的乔瓦尼·迪·洛伦佐·德·美第奇加入他们的队伍。"这是我们家族最伟大的成就。"洛伦佐·德·美第奇在给自己的罗马代表信中写道，并以其特有的慷慨大方补充道，"至少有四分之三要归功于罗马代表的辛勤工作和奉献"。美中不足的是，教皇英诺森八世决定新枢机主教必须等待三年才能上任，所以乔瓦尼·迪·洛伦佐·德·美第奇去了比萨大学。直到1492年3月，乔瓦尼·迪·洛伦佐·德·美第奇才在菲耶索莱的巴迪亚教堂戴上了枢机主教的帽子，身着长袍，就像得胜归来似的进入了佛罗伦萨。第二天，乔瓦尼·迪·洛伦佐·德·美第奇在大教堂听取了有八名主教出席的弥撒。洛伦佐·德·美第奇的大限就要来临了，他病得太重，不能参加庆典，但设法到了美第奇宫。乔瓦尼·迪·洛伦佐·德·美第奇在那里设宴款待了外交使团和六十位市民代表。

洛伦佐·德·美第奇在乔瓦尼·迪·洛伦佐·德·美第奇前往罗马时给他写了一封忠告信，信中充满了虔诚、世俗智慧、家族自豪感和直觉判断力。在这封信中，洛伦佐·德·美第奇总结了自己的人生哲学。他写道，在上帝赐予美第奇家族的诸多恩惠中，乔瓦尼·迪·洛伦佐·德·美第奇得到的恩惠最大。乔瓦尼·迪·洛伦佐·德·美第奇不能忘记，能获得这么崇高的地位，不是因为自己的功绩，而是因为上帝的仁慈，所以必须不断努力，成为人生楷模，以此来表达对上帝的感激之情。乔瓦尼·迪·洛伦佐·德·美第奇的首要目标必须是为教会服务，这样就会有很多机会为佛罗伦萨和美第奇家族服务。他不应忽视从小养成的好习惯。得知乔瓦尼·迪·洛伦佐·德·美第奇在过去的一年里几次在没人提醒的情况下忏悔和交流，洛伦佐·德·美第奇表示很欣慰。在罗马，乔瓦尼·迪·洛伦佐·德·美第奇开始与那些嫉妒他升职的人接触。这些人会用邪恶的方式怂恿他，企图破坏他的名声。他必须以枢机主教中那些善良、有学问的人为榜样，小心避免冒犯他人。作为教士团中最年轻的成员，乔瓦尼·迪·洛伦佐·德·美第奇要行为端正谦逊、避免炫耀。几件精美古董和珍本书籍比珠宝和丝绸更值得拥有。洛伦佐·德·美第奇建议乔瓦尼·迪·洛伦佐·德·美第奇多吃普通食物，多运动，最重要的是早起。早起的习惯不仅健康，而且可以给人足够的时间去思考并计划一天的事情。许多人会要求乔瓦尼·迪·洛伦佐·德·美第奇为自己的利益向教皇英诺森八世说情，但他不能因不断的请求使教皇英诺森八世厌烦。在教皇英诺森八世面前，应该做的是用愉快的谈话来逗他开心。如果教皇英诺森八世需要帮助，他应谦虚谨慎地去做。乔瓦尼·迪·洛伦佐·德·美第奇从罗马给父亲回了一封信，这封信是他亲手写的，但他的书信写作能力不值得赞扬。洛伦佐·德·美第奇收到信后，在信的背面写道："来自我的枢机主教儿子。"这体现出他的自豪感。

关于朱利亚诺·迪·洛伦佐·德·美第奇，当代记录很少提及。父亲洛伦佐·德·美第奇去世时,他只有十三岁。然而,马泰奥·佛朗哥对朱利亚诺·迪·洛伦佐·德·美第奇有一个生动的描述。马泰奥·佛朗哥讲述了三个男孩和堂弟朱利奥·迪·朱利亚诺·德·美第奇骑马前往切尔托萨,去迎接他们返回佛罗伦萨的母亲克拉丽丝·奥尔西尼的故事。洛伦佐·德·美第奇和克拉丽丝·奥尔西尼都去了莫尔巴泡温泉。洛伦佐·德·美第奇从那里去了比萨,留下妻子克拉丽丝·奥尔西尼独自回家。当时,在接近切尔托萨时,马泰奥·佛朗哥一行遇见了一群"快乐的天使"。这些快乐天使就是乔瓦尼·迪·洛伦佐·德·美第奇、皮耶罗·迪·洛伦佐·德·美第奇、朱利亚诺·迪·洛伦佐·德·美第奇和朱利奥·迪·朱利亚诺·德·美第奇及其随从。孩子们一看见母亲,立马跳下马,扑到她的怀里。朱利亚诺·迪·洛伦佐·德·美第奇看上去像玫瑰一样娇嫩,像镜子一样明亮,眼神快乐而又充满梦幻。他急切地寻找父亲洛伦佐·德·美第奇,当发现父亲不在时,几乎哭了。在后来的生活中,朱利亚诺·迪·洛伦佐·德·美第奇达到了洛伦佐·德·美第奇说的"好孩子"标准,使自己受到众人爱戴。1512年,当美第奇家族返回佛罗伦萨时,朱利亚诺·迪·洛伦佐·德·美第奇是这个家族中的资深平信徒。1503年,加里利亚诺战役后,皮耶罗·迪·洛伦佐·德·美第奇溺水身亡。当时,皮耶罗·迪·洛伦佐·德·美第奇在为法兰西王国效力,与西班牙作战。本来,朱利亚诺·迪·洛伦佐·德·美第奇想做一个普通公民,但为了尊重亲属意愿,担任了父亲洛伦佐·德·美第奇担任过的共和国代理元首职务。佛罗伦萨人很喜欢朱利亚诺·迪·洛伦佐·德·美第奇,但他太民主了,无法取悦哥哥乔瓦尼·迪·洛伦佐·德·美第奇。1513年,乔瓦尼·迪·洛伦佐·德·美第奇成为教皇利奥十世,坚持要朱利亚诺·迪·洛伦佐·德·美第奇来罗马,而佛罗伦萨领导权应该传给皮耶罗·迪·洛伦佐·德·美第奇的儿子洛伦佐·迪·皮耶罗·德·美第奇。洛伦佐·迪·皮耶罗·德·美第奇的目标是让自己成为佛罗伦萨的主人。在流放期间,朱利亚诺·迪·洛伦佐·德·美第奇曾是乌尔比诺宫廷的贵客。在朱利亚诺·迪·洛伦佐·德·美第奇弥留之际,他恳求教皇利奥十世不要剥夺乌尔比诺

加里利亚诺战役

公爵弗朗切斯科·马里亚一世·德拉·罗韦雷的国家,因为他无家可归时在乌尔比诺得到了仁慈的款待。教皇利奥十世的回答十分含糊。朱利亚诺·迪·洛伦佐·德·美第奇死后不久,他的侄子洛伦佐·迪·皮耶罗·德·美第奇就代替流亡的弗朗切斯科·马里亚一世·德拉·罗韦雷成了乌尔比诺公爵。

在洛伦佐·德·美第奇所有的孩子中,大女儿卢克雷齐娅·德·美第奇最像他的性格。卢克雷齐娅·德·美第奇在很小的时候就证明了自己的聪明才智和活力。她给祖母卢克雷齐娅·托尔纳博尼写了许多生动活泼的信,把许多

洛伦佐·迪·皮耶罗·德·美第奇

卢克雷齐娅·德·美第奇

赞美诗和十四行诗背了下来。卢克雷齐娅·德·美第奇在给祖母的信中提出的要求包括:"您答应我的玫瑰花篮,圣乔瓦尼节赛马会的腰带,还有给弟弟妹妹的糖李子。"从这些例子,就可以看出卢克雷齐娅·德·美第奇的坚持不懈。二女儿玛达莱娜·德·美第奇是母亲克拉丽丝·奥尔西尼的掌上明珠。玛达莱娜·德·美第奇和克拉丽丝·奥尔西尼一样,娇柔、多情、对知识没有兴趣。十四岁时,玛达莱娜·德·美第奇与教皇英诺森八世的私生子弗兰切斯凯托·奇博订婚。弗兰切斯凯托·奇博送给玛达莱娜·德·美第奇一枚订婚戒指,上面刻着教皇英诺森八世的祝福。

1487年秋，克拉丽丝·奥尔西尼陪女儿玛达莱娜·德·美第奇去了罗马。教皇英诺森八世亲自主持了婚礼。这不是一个幸福联姻。当时，弗兰切斯凯托·奇博年近四十，是个赌徒、浪荡子。玛达莱娜·德·美第奇对他很忠诚。他无数次的不忠让她甚是伤心。弗兰切斯凯托·奇博成天玩乐到深夜，玛达莱娜·德·美第奇的健康也因此受损。此外，两人总是缺钱。洛伦佐·德·美第奇给了这对年轻夫妇四千个达克特金币的嫁妆，是给其他女儿的两倍，还把在沃尔泰拉附近的斯佩达莱托建造的别墅给了他们。拖延了两年之后，教皇英诺森八世才为儿子弗兰切斯凯托·奇博做了安排，把安圭拉腊的封地授予了他，封号为伯爵。

洛伦佐·德·美第奇儿女中的第二桩婚姻是皮耶罗·迪·洛伦佐·德·美第奇和阿方西娜·奥尔西尼的婚姻。阿方西娜·奥尔西尼的父亲罗伯托·奥尔西尼在为斐迪南一世效劳时就去世了。他们在那不勒斯的王宫里举行了代理婚姻。1488年春天，皮耶罗·迪·洛伦佐·德·美第奇来接他的新娘。与此同时，身患重病的克拉丽丝·奥尔西尼带着玛达莱娜·德·美第奇回到了佛罗伦萨。洛伦佐·德·美第奇同意这样的安排，因为这对妻子来说是一种安慰。玛达莱娜·德·美第奇太年轻了，不能让她一个人留在弗兰切斯凯托·奇博混乱的家中。由于洛伦佐·德·美第奇三女儿路易莎·德·美第奇的突然去世，为皮耶罗·迪·洛伦佐·德·美第奇和阿方西娜·奥尔西尼进入佛罗伦萨准备的庆祝活动不得不取消。但一个月后，人们仍以传统的欢乐方式庆祝了圣约翰节。弗兰切斯凯托·奇博带着一些罗马贵族来到了佛罗伦萨，他们受到了执政团的款待，弗兰切斯凯托·奇博则留在了美第奇宫。他惊讶地发现，与为他的随员提供的奢华享乐相比，为他提供的餐食太普通了。洛伦佐·德·美第奇解释说，奢华款待客人是共和国的习俗，但在家里，朴素是惯例，弗兰切斯凯托·奇博被当作一家人来对待。

1488年7月，克拉丽丝·奥尔西尼因长期患病而去世。洛伦佐·德·美第奇不得不在孩子们面前扮演父亲和母亲的双重角色。1489年，他以这种双重身份从斯佩达莱托的浴场写信给小女儿孔泰西纳·德·美第奇。斯佩达莱托是

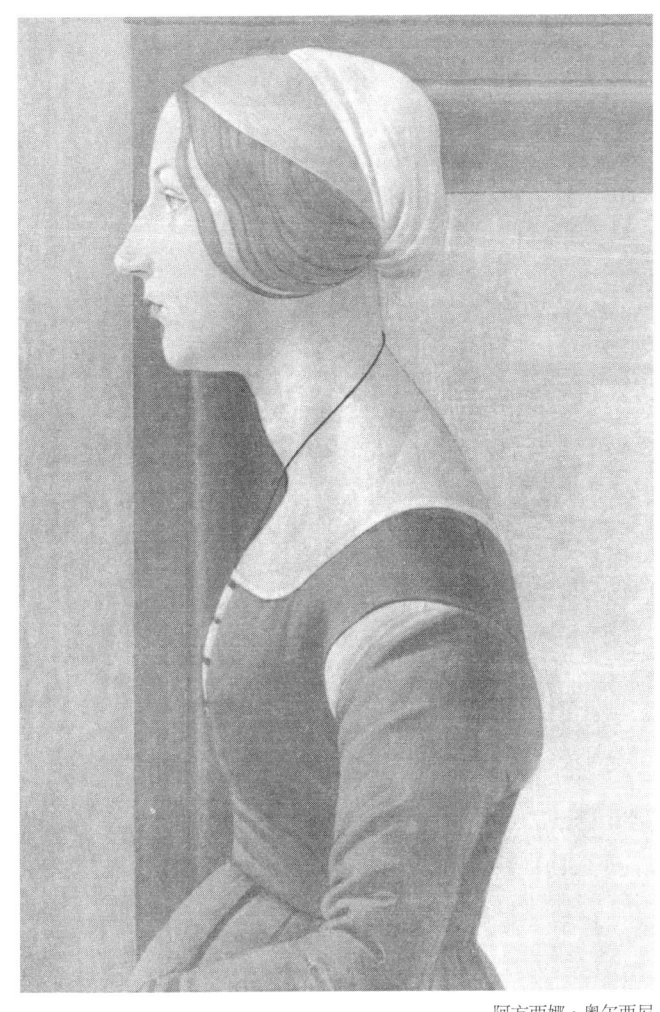

阿方西娜·奥尔西尼

他经常疗养的地方之一。当时,孔泰西纳·德·美第奇在佛罗伦萨的家里,和皮耶罗·迪·洛伦佐·德·美第奇的妻子阿方西娜·奥尔西尼及孩子在一起。那时,孔泰西纳·德·美第奇的兄弟们去了乡下。当洛伦佐·德·美第奇听说孔泰西纳·德·美第奇总是问候他,问他什么时候回来时,他向"亲爱的孔泰西纳"保证,温泉浴非常适合他,很快就能恢复健康。他希望孔泰西纳·德·美第奇健康快乐,同时要孔泰西纳·德·美第奇为自己祈祷,与阿方西娜·奥尔西尼做伴；希望孔泰西纳·德·美第奇转告阿方西娜要好好照顾孩子；男孩子不应该走开，把孔泰西纳一个人留下；很快自己就会和孔泰西纳·德·美第奇在一起了，然后他们就可以在别墅里想待多久就待多久。当时，十一岁的孔泰西纳·德·美第奇已经和皮耶罗·里多尔菲订婚，不过直到洛伦佐·德·美第奇去世后，两人才结婚。

1488年秋天，卢克雷齐娅·德·美第奇嫁给了雅各布·萨尔维亚蒂，这一联姻恢复了因帕齐阴谋而破裂的家族间的友谊。卢克雷齐娅·德·美第奇和孔泰西纳·德·美第奇在兄弟们流亡的共和时期留在了佛罗伦萨。孔泰西纳·德·美第奇的公公尼科洛·里多尔菲是因密谋恢复美第奇家族而被处决的五名公民之一。卢克雷齐娅·德·美第奇被传唤到执政团面前接受审问。她大胆地说，皮耶罗·迪·洛伦佐·德·美第奇是她的弟弟，她当然希望他回来，她还寄了一大笔钱来帮助他。卢克雷齐娅·德·美第奇被拘留了一段时间，但没有受到更大的伤害。在枢机主教乔瓦尼·迪·洛伦佐·德·美第奇登上教皇宝座后，他的姐妹们在罗马定居下来，竞相得到他的宠爱。她们的争吵把这个家庭分成了两派：一派是卢克雷齐娅·德·美第奇和孔泰西纳·德·美第奇，她们的弟弟朱利亚诺·迪·洛伦佐·德·美第奇和他的朋友——枢机主教贝尔纳多·达维兹·达·毕毕印纳——支持她们；另一派是皮耶罗·迪·洛伦佐·德·美第奇的遗孀阿方西娜·奥尔西尼、玛达莱娜·德·美第奇和丈夫弗兰切斯凯托·奇博，还有刚成为枢机主教的朱利奥·迪·朱利亚诺·德·美第奇。卢克雷齐娅·德·美第奇成功地为自己的一个儿子获得了枢机主教职位，但她最大的成功是把女儿玛利亚·萨尔维亚蒂嫁给了著名的雇佣兵首领乔瓦尼·达勒·班德·内雷，即罗伯特·勃朗宁长诗《环与书》中的"黑衣军的约翰"。现在，在佛罗伦萨的圣洛伦佐广场上还可以看到乔瓦尼·达勒·班德·内雷的雕像。

乔瓦尼·达勒·班德·内雷是乔瓦尼·迪·弗朗切斯科·德·美第奇和卡特琳娜·斯福尔扎的儿子。乔瓦尼·达勒·班德·内雷和玛利亚·萨尔维亚蒂的儿子是托斯卡纳的第一位大公科西莫一世·德·美第奇。因此，美第奇家族统治

科西莫一世·德·美第奇

佛罗伦萨直至18世纪。卢克雷齐娅·德·美第奇比所有的弟弟妹妹都要长寿许多年。她晚年主要是在佛罗伦萨度过的。在那里，同胞们把她看成一位最值得尊敬的女士。八十岁时，她给自己的外孙科西莫一世·德·美第奇写了一封信。科西莫一世·德·美第奇是16世纪最有能力的意大利统治者，美第奇家族通过他达到了巅峰时期。

第12章

美第奇家族的"朋友圈子"

精彩看点

米开朗琪罗——洛伦佐·德·美第奇的朋友们——柏拉图学院——柏拉图理念——洛伦佐·德·美第奇对文艺复兴的作用

在很大程度上，米兰和曼图亚的贡扎加公爵们等文艺复兴君主决定了文艺复兴在其统治范围内的特点。艺术家和文人从其他城市来到这些君主所在城邦工作，宫廷成了他们的活动中心。从这个意义上说，洛伦佐·德·美第奇并不是一个君主赞助人。他在拉尔加街的宅邸从来就不是一个宫廷，更确切地说，是一个朋友们的聚会场所，是佛罗伦萨才子们的度假胜地。他们从洛伦佐·德·美第奇那里获得了对自己天赋的欣赏和帮助，使其得以发展。当美第奇图书馆对学者开放时，圣马可广场的美第奇花园也向视觉艺术的学生开放，花园里有许多古代雕像。在花园里，洛伦佐·德·美第奇发现米开朗琪罗正在临摹一个农牧之神的头颅。米开朗琪罗借了一把凿子，从泥瓦匠那里讨了一块大理石。洛伦佐·德·美第奇觉得米开朗琪罗很有潜力，派人把米开朗琪罗的父亲洛多维科·迪·莱昂纳多·博纳罗蒂·西莫尼叫了来，安排米开朗琪罗的父亲寄宿在美第奇宫里加以供养，以便米开朗琪罗能全身心地投入雕塑中。洛伦佐·德·美第奇的习惯是和儿子们、其他家庭成员及任何可能来访的客人一起吃午餐。最先到达的人，无论年龄和地位，都坐在主人旁边。米开朗琪罗就是享受这种特权的人之一。在洛伦佐·德·美第奇去世前的两年里，米开朗琪罗一直待在美第奇宫，直到十八岁。米开朗琪罗的传记作者写道："这是他每天都在为伟大的洛伦佐·德·美第奇工作的结果。"因此，正如安杰

米开朗琪罗

洛·波利齐亚诺在大约二十年前做的那样，米开朗琪罗把人生开端归功于洛伦佐·德·美第奇。

　　佛罗伦萨人在艺术上取得的卓越成就，一部分原因在于天赋和悠久的文化传统，另一部分原因是很多富人有把钱花在艺术品上的习惯。很多家族用壁画装饰房子和教区教堂，建造宫殿和别墅，在其中放满绘画和雕塑。美第奇家族就是这样的家族之一。艺术家们的工作是由行会、宗教机构和其他公共机构提供的。因此，佛罗伦萨艺术家的作品并不局限于考虑一个君主的品位。赞助人的数量使艺术家们得以展示个性并热爱尝试，而这正是佛罗伦萨艺术的标志。其他城市的人，包括翁布里亚的彼得罗·佩鲁吉诺，来到作为"世界学校"的佛罗伦萨学习和工作。统治者们在寻找一个人执行他们心中的一项重要艺术计划时，会自然而然地把目光转向佛罗伦萨，寻找想要的人。大约在1485年，卢多维科·斯福尔扎一直希望为自己的宫廷引进新人才，于是委托了一名代理人

彼得罗·佩鲁吉诺

向他汇报在佛罗伦萨工作的一些主要画家的情况。代理人回复中提到的艺术家有桑德罗·波提切利,"一位非常出色的画家",还有彼得罗·佩鲁吉诺、多梅尼科·基尔兰达约及弗拉·菲利波的儿子菲利皮诺·里皮。这位代理人补充说,所有这些画家都曾受雇装饰洛伦佐·德·美第奇在斯佩达莱托的别墅。事实上,他们是当时在佛罗伦萨工作的主要画家。十年前,安东尼奥·德尔·波拉约洛曾对佛罗伦萨的绘画产生过重大影响。洛伦佐·德·美第奇称他为"这座城

多梅尼科·基尔兰达约

《三博士朝圣》

市最伟大的大师"。后来,安东尼奥·德尔·波拉约洛主要从事雕塑。1489年,安东尼奥·德尔·波拉约洛离开佛罗伦萨,前往罗马建造教皇西斯笃四世的墓。

在留下来的人中,桑德罗·波提切利与美第奇家族的关系最长久、最密切。桑德罗·波提切利受乔瓦尼·拉米的委托,为新圣母玛利亚教堂创作了《三博士朝圣》。在某种程度上,可以说这幅画是美第奇家族的集体肖像画。在画面的中央是科西莫·德·美第奇和儿子皮耶罗·迪·科西莫·德·美第奇,他们跪在圣母玛利亚和圣婴前面,两边是一群年轻人,其中几个人具有典型的美第奇家族特征。除了桑德罗·波提切利本人,人们无法准确确定肖像画人物的身份。长久以来,人们认为桑德罗·波提切利最著名的两部作品《春》和《维纳斯的诞生》都是为洛伦佐·德·美第奇创作的。现在已经确定的是,这两幅

《春》

《维纳斯的诞生》

作品是为装饰洛伦佐·德·美第奇年轻的堂弟洛伦佐·迪·皮耶尔弗朗切斯科·德·美第奇在卡斯泰洛的别墅而创作的。1477年，洛伦佐·迪·皮耶尔弗朗切斯科·德·美第奇和弟弟乔瓦尼·迪·皮耶尔弗朗切斯科·德·美第奇买下了卡斯泰洛的别墅。最近对《春》的一种解释是它的主题是由马尔西利奥·费奇诺决定的。洛伦佐·迪·皮耶尔弗朗切斯科·德·美第奇是马尔西利奥·费奇诺最喜欢的学生之一。在给洛伦佐·迪·皮耶尔弗朗切斯科·德·美第奇的一封信中，马尔西利奥·费奇诺详细阐述了从对天空的沉思中学到的东西，太阳、月亮、木星、水星，尤其是金星象征着"人文主义"一词中体现的所有美德。马尔西利奥·费奇诺的观点是：《春》应该作为一种视觉激励，促使洛伦佐·迪·皮耶尔弗朗切斯科·德·美第奇培养尊严、慷慨、谦恭和其他人文主义教育强调的品质。然而，艺术天才更倾向于用自己的方式表达自己，而不是按照别人的方式。无论马尔西利奥·费奇诺的意图是什么，《春》超越了他的目的。在这幅作品中，美第奇家族的佛罗伦萨精神——对美和古典文化的喜悦及对难以获取事物的追求——得到了表达。正如桑德罗·波提切利最杰出的学生之一赫伯特·珀西·霍恩说的，《春》是"一个富有创造力的主题，充满了丰富的想象力"。这个描述同样适用于《维纳斯的诞生》。《维纳斯的诞生》的主题是受安杰洛·波利齐亚诺《比武篇》的启发得出的。

众所周知，桑德罗·波提切利为洛伦佐·德·美第奇创作的作品无一幸存。斯佩达莱托的壁画被摧毁。在1494年美第奇宫的目录中列出的《手持盾牌和长矛的帕拉斯像》也消失了。1895年，当人们在皮蒂宫发现帕拉斯驯服半人马的画作时，起初认为这是桑德罗·波提切利为洛伦佐·德·美第奇创作的作品。然而，清单上的描述与这幅画并不相符。这幅画曾在卡斯泰洛出现过，表明这是洛伦佐·迪·皮耶尔弗朗切斯科·德·美第奇委托桑德罗·波提切利而作的。这幅画作的主题是和平与理性战胜了野蛮与愚蠢，画中的帕拉斯被橄榄枝环绕着，身着长袍，长袍上面绣着洛伦佐·德·美第奇的三枚戒指。这幅画可能是为了纪念洛伦佐·德·美第奇在人生最后几年为佛罗伦萨带来的和平与繁荣，也有可能暗示美第奇文化战胜了像帕齐家族一样的疯狂文化。乔尔乔·瓦萨里记录了洛伦佐·德·美第奇对桑德罗·波提切利的深情厚谊。洛伦佐·德·美第奇对桑德罗·波提切利的帮助主要体现在为他争取到公共机构的委托，对帕齐阴谋者的描绘就是其中一个。毫无疑问，是洛伦佐·德·美第奇建议桑德罗·波提切利和多梅尼科·基尔兰达约去罗马西斯廷教堂工作的。

最初，多梅尼科·基尔兰达约是一个金匠。金匠的工作经历体现在他对细节的关注上。对细节的关注再加上肖像画的技巧使多梅尼科·基尔兰达约对美第奇圈子里的成员生活和举止的描绘无与伦比。洛伦佐·德·美第奇最亲密

乔尔乔·瓦萨里

的两个商业伙伴——佛罗伦萨美第奇银行内政部经理弗朗切斯科·萨塞蒂和长期担任罗马银行经理的乔瓦尼·托尔纳博尼——向多梅尼科·基尔兰达约提供佣金。前者提供佣金是为了装饰佛罗伦萨圣三一教堂的萨塞蒂小教堂的，里面有圣方济各生平的一些场景。后者提供的佣金是为了装饰新圣母玛利亚教堂唱经楼的一系列壁画，壁画展现了圣母玛利亚和施洗者圣约翰的生活。佛罗伦萨圣三一教堂的一幅壁画描绘了教皇和诺理三世接受并认可了圣方济各的统治。在这幅壁画中，洛伦佐·德·美第奇与一些朋友站在一起，伸出手向安杰洛·波利齐亚诺致意，安杰洛·波利齐亚诺在美第奇家族三个小伙子的陪同下走上楼梯。在背景中可以看到佛罗伦萨的中心——有佣兵凉廊的领主广场，还有市政厅。

教皇和诺理三世

在新圣母玛利亚教堂，多梅尼科·基尔兰达约创作的《圣母的诞生》描绘了佛罗伦萨一间卧室里的场景。房间里的女主人生下了一个孩子。母亲坐在一张高床上，俯视着抱在面带微笑的保姆怀里的婴儿，一个女仆正在往一个精致的铜钵里倒水。一群女士前来道贺并给母亲和孩子带来了礼物。房间墙壁上方儿童跳舞的檐壁，彩绘的柱子，客人们的漂亮衣服，都给人一种佛罗伦萨大贵族普遍享有的高度文明的印象。多梅尼科·基尔兰达约"天使在撒迦利亚面前显现"的背景是佛罗伦萨的一座教堂。站在圣坛周围身穿红色公民长袍的人们被认为是托尔纳博尼家族的成员和朋友们。画面的左下角是当时佛罗伦萨的四位著名学者马尔西利奥·费奇诺、克里斯托福罗·兰迪诺、安杰洛·波利齐亚诺和真蒂利·贝奇。在多梅尼科·基尔兰达约的壁画《圣母访亲》中有两幅

多梅尼科·基尔兰达约创作的《圣母访亲》

特别有趣的肖像。其中一幅是洛伦佐·德·美第奇的母亲卢克雷齐娅·托尔纳博尼的肖像，她的很多特征都在儿子洛伦佐·德·美第奇身上重现；另一幅是焦万纳·德利·阿尔比奇的肖像，她是佛罗伦萨最漂亮、最受欢迎的女孩之一。在1486年，大概是多梅尼科·基尔兰达约在新圣母玛利亚教堂工作的时候，焦万纳·德利·阿尔比奇嫁给了乔瓦尼·托尔纳博尼的儿子洛伦佐·托尔纳博尼。焦万纳·德利·阿尔比奇身着一件华丽的金色锦缎连衣裙，鬈发从帽子上垂下来。新郎洛伦佐·托尔纳博尼是安杰洛·波利齐亚诺的学生。安杰洛·波利齐亚诺把一首诗献给了他。洛伦佐·德·美第奇在他们婚礼的安排中起了重要

焦万纳·德利·阿尔比奇

作用。这对年轻夫妇的肖像出现在桑德罗·波提切利的壁画中,现收藏在卢浮宫。壁画展示的是洛伦佐·托尔纳博尼和焦万纳·德利·阿尔比奇分别在博雅七艺和美惠三女神的引领下,来到位于卡雷吉附近的莱米别墅。两人的婚姻生活开始时很和谐,结果却以悲剧收场。焦万纳·德利·阿尔比奇死于难产。作为一名阴谋者,她的丈夫——洛伦佐·托尔纳博尼被处死,因为他于1497年试图在佛罗伦萨复辟美第奇家族。

在洛伦佐·德·美第奇掌权之前,作为金匠、雕刻家和画家,安德烈亚·德尔·委罗基奥的职业生涯开始很顺利,但他一直受雇于洛伦佐·德·美第奇,直

安德烈亚·德尔·委罗基奥

到离开佛罗伦萨完成最后一件作品——威尼斯的《科莱奥尼的骑马像》。圣洛伦佐教堂的旧圣器室墓是皮耶罗·迪·科西莫·德·美第奇和乔瓦尼·迪·科西莫·德·美第奇的安息地，也是洛伦佐·德·美第奇最早的项目之一，是由安德烈亚·德尔·委罗基奥设计的。红色斑岩的瓮，中间有一块绿色匾额，边缘有一圈蕨类叶片，既雅致又不张扬。死和生一样，旧圣器室墓的设计遵循了美第奇家族的简朴原则。

安德烈亚·德尔·委罗基奥铸造的《科莱奥尼的骑马像》

安德烈亚·德尔·委罗基奥创作的《耶稣受洗》

大约在1469年,列奥纳多·达·芬奇以学徒的身份进入安德烈亚·德尔·委罗基奥的艺术作坊,在为安德烈亚·德尔·委罗基奥的《耶稣受洗》画的天使身上显示出自己的潜力。据说,从此之后,安德烈亚·德尔·委罗基奥决定不再画画,专攻雕塑。列奥纳多·达·芬奇继续在佛罗伦萨工作,吸收了佛罗伦萨传统中的精华,直到1482年移居到米兰宫廷。人们经常问洛伦佐·德·美第奇为什么放列奥纳多·达·芬奇走。答案是列奥纳多·达·芬奇无法融入佛罗伦萨的环境。商人们希望能迅速完成他们的订单,但列奥纳多·达·芬奇的工作方式无法满足这样的要求。他的学术兴趣不在于柏拉图学院的思辨神秘主义,而在于自然科学和数学,这是新柏拉图主义者鄙视的学科。因此,当得知卢多维科·斯福尔扎为父亲弗朗切斯科·斯福尔扎一世制作骑马巨像的计划时,列奥纳多·达·芬奇决定到米兰试试运气。相比于对绘画突出价值的了解，洛伦佐·德·美第奇更了解人，他决定帮助列奥纳多·达·芬奇去做想做的事。为了把列奥纳多·达·芬奇推荐给卢多维科·斯福尔扎，洛伦佐·德·美第奇送给卢多维科·斯福尔扎一个像马头一样的银七弦琴作为个人礼物。这把七弦琴是由列奥纳多·达·芬奇制作的，列奥纳多·达·芬奇本人弹奏得十分不错。卢多维科·斯福尔扎是一位有鉴别力的赞助人，能欣赏列奥纳多·达·芬奇作为艺术家的天赋，也能让他在许多领域随心所欲地试验。在米兰宫廷，列奥纳多·达·芬奇成了神一般的存在。米兰绘画因他的影响而发生了改变。佛罗伦萨滋养了列奥纳多·达·芬奇的天赋，而他的天赋使佛罗伦萨艺术的独特之处在米兰臻于完美。

洛伦佐·德·美第奇付给画家的佣金较少，在一定程度上是由于缺钱。然而，洛伦佐·德·美第奇的主要兴趣在学术和文学领域，他在这些方面不惜时间和金钱。在他统治时期，美第奇家族收集的古玩宝石和青铜器数量增加了一倍多。他雇人在欧洲各地寻找书籍和手稿，每年花费大笔资金去购买这些东西。当费拉拉公爵埃尔科莱一世·德·埃斯特要求借用莱昂·巴蒂斯塔·阿尔伯蒂的建筑专著时，洛伦佐·德·美第奇把自己的一本寄给了他。那本书是作者莱昂·巴蒂斯塔·阿尔伯蒂送给洛伦佐·德·美第奇的。洛伦佐·德·美第奇要求埃尔科莱一世·德·埃斯特尽快归还，因为这是他经常阅读的作品。埃尔科莱一世·德·埃斯特却没有表现出同样的慷慨，因为他直接拒绝借给洛伦佐·德·美第奇想要的手稿，必须雇佣一名希腊抄写员来抄写。后来，安杰洛·波利齐亚诺说自己曾安排一位抄写员抄写在帕多瓦看到的"一些好书"，"这些书在佛罗伦萨是没有的"。在威尼斯，有人向安杰洛·波利齐亚诺展示了"一个非常漂亮的古陶器花瓶，是最近从希腊运来的"。他确信洛伦佐·德·美第奇会喜欢，于是就把花瓶打包运往了佛罗伦萨。

在洛伦佐·德·美第奇所有的朋友当中，安杰洛·波利齐亚诺是最亲密的一个。两人最大的兴趣都是诗歌和学问。安杰洛·波利齐亚诺对洛伦佐·德·美第奇始终如一的支持深表感激。洛伦佐·德·美第奇欣赏并喜爱这个能写出富有灵感的诗歌的人。安杰洛·波利齐亚诺对《伊利亚特》的翻译再现了原作的美丽和文字的朴素。洛伦佐·德·美第奇还有一位密友是路易吉·浦尔契,他与安杰洛·波利齐亚诺和洛伦佐·德·美第奇一样,注定会在诗歌方面获得不朽的声誉。路易吉·浦尔契的长诗《巨人莫尔甘特》以法兰克王国的浪漫故事及奥兰多和里纳尔多两位骑士的丰功伟绩为基础,以欢乐、智慧和文笔优美著称。有时,路易吉·浦尔契的诗粗俗到极点,但他的冷幽默逗乐了美第奇宫的常客。路易吉·浦尔契深受洛伦佐·德·美第奇喜爱,大家都叫他"吉吉"。

米兰多拉伯爵乔瓦尼·皮科·德拉·米兰多拉是洛伦佐·德·美第奇一个与众不同的朋友。乔瓦尼·皮科·德拉·米兰多拉在短暂的一生中,一直致力于

米兰多拉伯爵乔瓦尼·皮科·德拉·米兰多拉

通过调和不同的思想体系来寻求普遍真理。在博洛尼亚学习了教会法之后，他来到了佛罗伦萨，被立刻吸收到美第奇的朋友圈内。乔瓦尼·皮科·德拉·米兰多拉阅读洛伦佐·德·美第奇的诗歌，寻求安杰洛·波利齐亚诺评论自己的诗歌，被马尔西利奥·费奇诺引入柏拉图的研究中。乔瓦尼·皮科·德拉·米兰多拉渴望加深对神学的理解，于是去了巴黎大学，在那里努力寻找天主教与犹太教和阿拉伯哲学之间的联系。他学习了希伯来语，后来他专注于用犹太教神秘学来解读《圣经》经文的言外之意。他发表的《结论》受到了教会谴责，他为洛伦佐·德·美第奇辩护写的《申辩》导致了对他本人和作品的大规模谴责。乔瓦尼·皮科·德拉·米兰多拉被驱逐出法兰西后，洛伦佐·德·美第奇在菲耶索莱附近的库尔切托别墅为他提供了庇护并竭力劝说教皇英诺森八世撤销对他的判决。但罗马教廷的神学家们态度坚决。乔瓦尼·皮科·德拉·米兰多拉一直受到教会禁止，直到洛伦佐·德·美第奇和教皇英诺森八世去世后，乔瓦尼·皮科·德拉·米兰多拉才成功地请求教皇亚历山大六世赦免了自己。在未被赦免

教皇亚历山大六世

期间，乔瓦尼·皮科·德拉·米兰多拉一直在库尔切托平静地生活着，继续自己的研究，还有佛罗伦萨的朋友伴其左右。1490年，应他的要求，洛伦佐·德·美第奇邀请吉罗拉莫·萨沃纳罗拉回到佛罗伦萨。从那时起，乔瓦尼·皮科·德拉·米兰多拉就经常去圣马可修道院与吉罗拉莫·萨沃纳罗拉交谈。吉罗拉莫·萨沃纳罗拉的宗教气质与乔瓦尼·皮科·德拉·米兰多拉的十分契合。在吉罗拉莫·萨沃纳罗拉的影响下，乔瓦尼·皮科·德拉·米兰多拉在去世前不久养成了多明我会修士的习惯。

在佛罗伦萨生活的各个领域的杰出人物的共同聚集地是柏拉图学院。成员包括政治家、外交家、律师、学者、艺术家、音乐家和医生。他们聚集在卡雷吉附近费奇诺的蒙特韦基奥别墅，讨论和柏拉图有关的思想和行为问题。他们讨论得热火朝天。正如一位人文主义作家说的："交谈可以促进学习，一个学生与其一整天独自学习，不如花一个小时与同学交谈。"马尔西利奥·费奇诺完成了最初由科西莫·德·美第奇委托给他的任务，完成了对柏拉图著作的完整拉丁文翻译，还创作了《柏拉图神学》一书。这本书是对柏拉图哲学体系的研究。他把这本书献给了洛伦佐·德·美第奇。对马尔西利奥·费奇诺和那些与他相关的人来说，柏拉图主义为他们的学术问题提供了答案，满足了他们的精神追求。这些柏拉图主义者强调的原则是，首先，上帝是真与美的源泉；其次，人对知识与美的渴望，这是人的特点，也是人具有神性的标志；最后，是将神视为人的精神得以充分发展的手段。对新柏拉图主义者来说，宗教和哲学密不可分，因为人不仅渴望知识，而且渴望爱与崇敬。他们认为，沉思的生活与积极的生活是相辅相成的，哲学家必须作为共和国的一员生活，忠实而勤勉地履行公民的一切职责。洛伦佐·德·美第奇说，不了解这些原则，没有柏拉图主义，人就不可能成为一个好公民和好信徒。

经过一段时间的犹豫，马尔西利奥·费奇诺克服了自己的疑虑，接受了圣职。他积极从事神父工作，为自己既是神学家又是哲学家而自豪。在他的著作中有一些关于圣保罗写给罗马人的《使徒书信》讲稿。马尔西利奥·费奇诺认为天主教最能体现宗教对人的影响。马尔西利奥·费奇诺在他的每一个讲稿中都涉及了柏拉图思想,这也是他天主教观念的特点。马尔西利奥·费奇诺的《天主教信仰》的意大利版是献给洛伦佐·德·美第奇的。《天主教信仰》引用了一些先知、女预言家、"异教徒"哲学家和天主教神父的话来证明天主教教义的真实性。对马尔西利奥·费奇诺来说,信仰的本质在于相信上帝变成了人。因此,基督是上帝的杰作,作为上帝的代表呈现给人类。有了这一至高无上的艺术品在眼前,人有自己的神圣本性,就可以模仿基督并使自己成为神一样的人。

莱昂·巴蒂斯塔·阿尔伯蒂有关建筑的一本书中也体现了天主教中的柏拉图理念。莱昂·巴蒂斯塔·阿尔伯蒂写道,要设计教堂帮助人们认识上帝和自己;圆形教堂更可取,因为圆形是完美的象征;白色大理石墙壁会传达纯洁的理念;透明雪花石膏窗户将获取光的喜悦,同时排除分散注意力的外部景象。马尔西利奥·费奇诺和莱昂·巴蒂斯塔·阿尔伯蒂这两位思想家都展示了人文主义者对人的力量的信念,相信人可以通过自己的努力达到任何目标,相信人在罪恶的世界中也可以获得圆满。此外,宗教主要是一种智力活动,其结果是人的真正目的,即对上帝的认知,只有哲学家才能获得这种认知。但吉罗拉莫·萨沃纳罗拉在自己的一次布道中指出了这个概念的弱点,"所有人,作为同一个物种,都有相同的目的……许多人,几乎所有人,尤其是儿童、妇女和农民,不应该因为他们自己的过错而被排斥在幸福之外,这是不合适的"。

作为建筑师,莱昂·巴蒂斯塔·阿尔伯蒂声名鹊起。他一生中的大部分时间是在罗马而不是在佛罗伦萨度过的,他为罗马这座新文艺复兴城市做了规划。他还在里米尼设计了马拉泰斯塔教堂。然而,在晚年时期,莱昂·巴蒂斯塔·阿尔伯蒂频繁地回到自己的家乡。作为一个致力于研究整个知识领域的人,他成了柏拉图学院的一名荣誉成员。在自己的著作《同志会辩论》中,佛罗伦萨的修辞学教授克里斯托福罗·兰迪诺描述了柏拉图学院的一次会议。在会上,莱昂·巴蒂斯塔·阿尔伯蒂发挥了主导作用。1468年,在卡马尔多利修道

莱昂·巴蒂斯塔·阿尔伯蒂

院举行了会议，会议成员是修道院院长的客人，他们在修道院待了四天。学者代表是马尔西利奥·费奇诺、莱昂·巴蒂斯塔·阿尔伯蒂和克里斯托福罗·兰迪诺；商业代表是阿拉曼诺·里努奇尼，一个以拥护共和自由而闻名的羊毛商人家族成员；还有多纳托·阿恰约利和皮耶罗·阿恰约利。在雅典公国被奥斯曼土耳其帝国苏丹穆罕默德二世吞并之前，他俩的亲属在雅典公国进行贸易和统治。参会成员还有洛伦佐·德·美第奇和朱利亚诺·德·美第奇两个年轻人，连同他们的东道主，使聚会达到了新柏拉图主义者最喜欢的九人。

会议第一天，莱昂·巴蒂斯塔·阿尔伯蒂就声称全身心沉思的哲学家的职业是最崇高的职业。洛伦佐·德·美第奇反驳他说人不应因此而使自己从积极的职责中脱离出来，消沉下去。得出的结论是：沉思和职责二者不可分离，沉思的成果应该是行动的指南。第二天，莱昂·巴蒂斯塔·阿尔伯蒂和马尔西利奥·费奇诺讨论了至善的性质。他们一致认为，可能没有至恶，却有完美的至善，因为恶不是积极的，而是消极的。在会议最后两天，莱昂·巴蒂斯塔·阿尔伯蒂评论了《埃涅阿斯纪》，讲述了故事中隐含的哲理。1472年，莱昂·巴蒂斯塔·阿尔伯蒂去世。他这个年龄段的一代人都故去后，他们的位置被一些像洛伦佐·德·美第奇一样的年轻人取代。在洛伦佐·德·美第奇死后的政治冲突中，曾经在柏拉图学院中团结一致的政治家分成了两派。1497年，贝尔纳多·德尔·内罗作为共和国的敌人被处决；马尔西利奥·费奇诺曾说贝尔纳多·德尔·内罗代表了柏拉图式的公民理想。弗朗切斯科·瓦洛里是吉罗拉莫·萨沃纳罗拉和新宪法最热心的支持者之一。1498年，当舆论转向反对吉罗拉莫·萨沃纳罗拉时，弗朗切斯科·瓦洛里被愤怒的暴民杀害。根据马尔西利奥·费奇诺的说法，正是在洛伦佐·德·美第奇的建议下，每年都会在柏拉图学院举行宴会来纪念柏拉图的诞辰。柏拉图学院也就是蒙特韦基奥别墅。宴会邀请了九位客人。与会人员大声朗读柏拉图的《会饮篇》，每个人都对《会饮篇》某一部分发表了自己的观点。在柏拉图半身像前点着的灯，马尔西利奥·费奇诺为纪念柏拉图用竖琴伴奏的赞美诗，成员们称呼马尔西利奥·费奇诺为"父亲"，称呼彼此为"兄弟"的做法，以及他们"向柏拉图致敬"的问候语，都赋予了柏拉图学院一种与学术社团相结合的宗教团体特点。新柏拉图主义既是一种哲学，也是一种宗教信仰。

柏拉图学院在文艺复兴时期的意大利很有名。学者们喜欢聚在一起讨论共同感兴趣的主题。在宫廷，人们喜欢谈论一些具有学术和艺术意义的话题，

巴尔达萨雷·卡斯蒂利奥内

以此来消磨夜晚的时光。这种谈话具有学院的特点。在乌尔比诺的宫廷里，关于完美廷臣论品质的讨论因巴尔达萨雷·卡斯蒂利奥内的《廷臣论》而名传后世。在米兰宫廷争论的话题包括但丁·阿利吉耶里和弗朗切斯科·彼特拉克谁更伟大，佛罗伦萨和费拉拉到底哪个更美。然而，柏拉图学院具有独特的佛罗伦萨风格。学院半哲学、半神秘的讨论表达了一个有着无限求知欲民族的思想。柏拉图学院的成员企图能达到更高的善，使精神获得满足。柏拉图学院的组织不拘小节，无论人的年龄和职业，只要能够对讨论做出贡献，在柏拉图学院都会受到欢迎，这一切都源于共和传统。佛罗伦萨生活的各个方面都能感受到这种传统，它是艺术家和思想家的灵感源泉，而专注于赚钱的专业人士和商人可以在柏拉图学院暂时摆脱生意上的焦虑。在佛罗伦萨的公民关系中，争吵、暴力和背叛与他们自称为新柏拉图主义者的崇高理想之间，存在着一种奇怪的对比。学院的沉思生活显然对城市生活的活跃影响不大。这两种生活尽管看起来相去甚远，但都体现了佛罗伦萨的特点。

洛伦佐·德·美第奇与柏拉图学院的关系体现了他在佛罗伦萨文艺复兴中起到的作用。他从小就是马尔西利奥·费奇诺的学生，把马尔西利奥·费奇诺当父亲一样尊重。对洛伦佐·德·美第奇的同僚们来说，洛伦佐·德·美第奇就是他们的"洛伦佐兄弟"。马尔西利奥·费奇诺的事业和家庭都要归功于美第奇家族，而洛伦佐·德·美第奇在佛罗伦萨的杰出影响使柏拉图学院成为这座城市知识分子生活的中心。在洛伦佐·德·美第奇统治期间，没有一个有才能的人不把他看作赞助人。作为一名音乐爱好者，洛伦佐·德·美第奇帮助大教堂手风琴师安东尼奥·斯夸尔恰卢皮——当时最杰出的音乐家之一——从意大利各地为他的唱诗班招募歌手。后来，贝内代托·达·马亚诺在大教堂为安东尼奥·斯夸尔恰卢皮制作的半身像也主要由洛伦佐·德·美第奇负责。洛伦佐·德·美第奇还亲自为安东尼奥·斯夸尔恰卢皮撰写了墓志铭。佛罗伦萨文艺复兴不是由于某一个人，而是由于人民的创作才能。然而，洛伦佐·德·美第奇的去世使艺术家们失去了最大的希望和支持。洛伦佐·德·美第奇的杰出之处不仅在于他鼓励艺术创作，也在于他自己的贡献。洛伦佐·德·美第奇以诗人的身份进入了艺术家的圈子，和他们一起追求完美。即使用最严格的批评标准来评判，他的诗歌也是值得称许的。在聚集于洛伦佐·德·美第奇周围的那些才华横溢的人眼中，洛伦佐·德·美第奇既是他们的赞助人，也是他们的朋友和同事。

第13章
诗人洛伦佐·德·美第奇

精彩看点

洛伦佐·德·美第奇的文学作品——洛伦佐·德·美第奇鼓励朋友用方言创作——洛伦佐·德·美第奇喜欢诗歌——《我的十四行诗注解》——《林爱》——《争辩》——佛罗伦萨狂欢节——《酒徒》——《圣乔瓦尼和圣保罗的故事》——《巴尔贝利诺的南恰》——《鹰猎》——《安布拉》

在洛伦佐·德·美第奇最早的文学作品中，有一封是写给那不勒斯阿拉贡的费德里科的信。这封信是1466年洛伦佐·德·美第奇与阿拉贡的费德里科在比萨会面后写的，信中还附有他应阿拉贡的费德里科要求收集的托斯卡纳诗歌集。从神圣罗马帝国皇帝腓特烈二世的西西里宫廷，到但丁·阿利吉耶里称之为"前辈"的博洛尼亚的圭多·圭尼泽利，再到"温柔新体"的倡导者圭多·卡瓦尔康蒂和奇诺·达·皮斯托亚，以及但丁·阿利吉耶里本人所属圈子成员，洛伦佐·德·美第奇追溯了方言诗歌的历史。洛伦佐·德·美第奇认为，这些人的作品表明，在意大利诗人中，但丁·阿利吉耶里和弗朗切斯科·彼特拉克并不孤单。在这些人的方言中，有一种诗体，既不贫乏也不粗糙，而是丰富的、微妙的和甜美的。洛伦佐·德·美第奇最后说，他将在诗集中加入一些自己创作的歌曲和十四行诗，以此表示自己的友谊，表示托斯卡纳诗歌仍然在蓬勃发展。后来，在对自己的一些十四行诗做评注时，洛伦佐·德·美第奇更详细地论述了方言作为诗歌媒介的适用性。他说没有人会因作家用方言写作而责怪他。托斯卡纳人的语言温暖而和谐，但丁·阿利吉耶里、弗朗切斯科·彼特拉克和乔瓦尼·薄伽丘这三位伟大的佛罗伦萨诗人都证明了托斯卡纳方言可以很好地、很充分地表达人的各种思想。托斯卡纳的诗歌仍然处于发育成型阶段，但完全有希望变得更加完美，尤其是随着佛罗伦萨的强大和越来越繁荣，这是

弗朗切斯科·彼特拉克

乔瓦尼·薄伽丘

每个好公民都必须为之奋斗的目标。当时,得出的结论是:方言诗歌的未来取决于美第奇家族的持续统治。对美第奇家族的对手来说,这个结论无疑是不被接受的。然而,洛伦佐·德·美第奇在佛罗伦萨的突出影响,加上他在所有作品中都使用了托斯卡纳方言,所以对意大利文学的发展产生了显著影响。

人文主义者对古罗马诗人和演说家的热情,使洛伦佐·瓦拉把拉丁语称为"我们的语言",列奥纳多·布鲁尼称西塞罗为"我国和我国文学之父"。使用方言创作成了一件不光彩的事。弗朗切斯科·彼特拉克假装鄙视自己的意大利歌曲和十四行诗,街上的孩子们却传唱他创作的歌曲和十四行诗。有人贬低但丁·阿利吉耶里是鞋匠和面包师的诗人。在洛伦佐·德·美第奇时代,牺牲意大利语,过分推崇拉丁语已经不那么显著了。那些对洛伦佐·德·美第奇有影响的人,如莱昂·巴蒂斯塔·阿尔伯蒂、克里斯托福罗·兰迪诺和马尔西利奥·费奇诺,都很

洛伦佐·瓦拉

欣赏托斯卡纳伟大诗人的作品,他们也用方言进行创作,尤其是莱昂·巴蒂斯塔·阿尔伯蒂关于礼仪的《论家庭》一书。与这些大师不同的是,洛伦佐·德·美第奇不满足于把意大利语当作比拉丁语稍逊的替代品。作为佛罗伦萨人,洛伦佐·德·美第奇的诗歌不是书房诗歌,而是城市和乡村诗歌。洛伦佐·德·美第奇的目的是用人们自己的语言表达他们的思想和感情。洛伦佐·德·美第奇激励了朋友安杰洛·波利齐亚诺从用拉丁语创作诙谐短诗转向了用方言创作《比武篇》和十四行诗,这本身就是对意大利诗歌一个不小的贡献。

洛伦佐·德·美第奇写作不为名,不为利,只是自娱自乐。诗歌是他政治生活中忧虑和烦恼的慰藉。同时,洛伦佐·德·美第奇还是一名学生,学习古典文学,不仅以奥维德和维吉尔等拉丁诗人为榜样,也以伟大的意大利人为榜样。很明显,洛伦佐·德·美第奇从但丁·阿利吉耶里和弗朗切斯科·彼特拉克那里

维吉尔

收益很多。洛伦佐·德·美第奇乐于尝试，尝试了意大利诗歌的每一种形式，包括十四行诗、抒情诗、三行体、八行体和六行体。此外，洛伦佐·德·美第奇还在自己的狂欢节、舞蹈歌曲及颂歌中采用了传统诗歌形式。在大多数评论家看来，洛伦佐·德·美第奇的诗歌不如安杰洛·波利齐亚诺的诗歌。安杰洛·波利齐亚诺用诗歌歌颂热情而完美的爱，洛伦佐·德·美第奇的诗歌却具有一种自发性，一种接近自然和人的感觉，这也是安杰洛·波利齐亚诺缺乏的。正如弗农·李在一篇著名的文章中写的那样，洛伦佐·德·美第奇是现代"户外诗歌"的先驱。在洛伦佐·德·美第奇之前的时代，田园诗歌都是众所周知的，但主要赞美春天美丽的少女和牧羊人。在托斯卡纳别墅的背景下，在四季更替的季节里，在光秃秃的树木和涨水的河流构成的冬天里，在春天的缓慢回归及农民生活的艰辛和欢乐中，洛伦佐·德·美第奇找到了诗歌的主题。正是这种新奇的主题赋予了洛伦佐·德·美第奇诗歌在文学中的特殊地位。对历史学家来说，洛伦佐·德·美第奇写的一切都是有价值的，因为这是他多方面兴趣的表达，是他生活表面之下思想感情宣泄的途径。

洛伦佐·德·美第奇的《我的十四行诗注解》是模仿但丁·阿利吉耶里的《新生》创作的。洛伦佐·德·美第奇对这本诗集中的每一首十四行诗都详细地分析，运用了各种自传体典故。在"帕齐阴谋"典故中，洛伦佐·德·美第奇将自己描述为受命运迫害的对象，被那些一心想毁灭他的强大敌人攻击，敌人通过把他驱逐出教会的方式攻击他的灵魂、财产、家庭和他在国家中的地位，死亡在他看来已不是最糟糕的事情了。《我的十四行诗注解》中体现的痛苦和幻灭感贯穿于他的诗歌作品。除了前面提到的对方言的辩护，《我的十四行诗注解》还对十四行诗的价值做了一些有趣的评论。创作十四行诗的困难使创作成为一种绝佳训练。十四行诗作者的目标必须是优雅、清晰、温和地提出一个引人注目的观点。由于十四行诗的简洁性，所以每个词都必须用词准确。韵律和思想的和谐需要高超的技巧。十四行诗同样适用于表达严肃和愉快的思想。下面要列举的几首十四行诗显示了洛伦佐·德·美第奇有能力达到自己设定的标准。第一首是佛罗伦萨一位深受爱戴的女士去世之际写的。这位女士很可能是西莫内塔·韦斯普奇,也就是朱利亚诺·德·美第奇爱慕的对象。洛伦佐·德·美第奇和一个朋友在一起散步,谈论着内心的失落。这时,他们看到空中有一颗明亮的星,想象着这颗星星因与逝去的女孩明亮双眸的交融而变得璀璨夺目,就有了下面这首十四行诗:

> 啊,明亮的星,你的光辉
> 让周围的群星暗淡,
> 为什么你如此与众不同?
> 为什么要和伟大的太阳神竞争?
> 也许是因为你拥有一双美丽的眼眸,
> 残忍的死神誓把她们给夺走。
> 带着她们的光芒,
> 你可以和太阳争辉。
> 啊,你是那颗新星。
> 天空因你而充满了新的光彩。
> 啊,女神啊,快回应我们的祈祷,
> 从你的光辉中,
> 给终日哭泣的眼睛,
> 带来快乐。

为了哀悼这位女士,洛伦佐·德·美第奇又写了三首十四行诗。之后,他转向生者,把对卢克雷齐娅·多纳蒂的爱作为十四行诗的主题。他赞美卢克雷齐娅·多纳蒂的眼睛、手、脸和变化的表情,紫罗兰因她的采摘而变得更加多姿多彩。这些诗歌令人陶醉,洞察敏锐,技艺精湛,但缺乏真正爱人的激情。其中一首诗歌表明激发诗人最深感情的不是爱情,而是自然:

人们追求浮华和荣耀,

广场、殿堂和豪宅,

希冀快乐和回报,

不承想,一堆杂念,一堆烦恼。

绿油油的草地上鲜花盛开,

溪流冲刷着两岸的青草,

一只小鸟发出爱的哀鸣,

这些能更好地抚慰我们的不安;

那里有茂密的树林、岩石和高山,

黑暗的洞穴,逃跑的野兽,

还有一些美丽胆小的小仙女,

我爱人明亮的双眸在我脑海中闪现,

好像还活着一般;

城里一堆的烦恼让我失去了这一切的美好。

　　洛伦佐·德·美第奇创作的八行诗《林爱》得名于斯塔提乌斯的《希尔瓦》。洛伦佐·德·美第奇创作的《林爱》和《金星和火星之爱》及牧歌《科林斯》与《阿波罗和潘》都是古典主义风格的作品,是当时文人惯用的一种风格。尽管《林爱》强烈地展示了古典文学的影响,但洛伦佐·德·美第奇设法使古典文学为己所用。他在爱的森林里游荡,被圣灵感动,讲述了情人在情妇不在时的凄凉,把她的容貌比作春天的归来,然后描述了爱之喜悦的主要仇敌,是嫉妒、黑暗与邪恶。最后描述了一幅黄金时代的画面,大地自动结出了果实,狼和羊卧在一起,猎鹰和它的猎物和平共处,人是快乐的,因为人知之甚少,需求不多。牧羊人把快乐的羊群从过冬的棚子里放了出来,引着它们来到高高的牧场和凉爽的溪流旁。一只小羊在羊妈妈后面小跑,另一只新生的小羊被牧羊人抱在怀里,忠犬是羊群守护者,这些都是《林爱》中描述的典型乡村生活的生动画面。除了爱情，洛伦佐·德·美第奇在《林爱》中根据其他主题也创作出一些富有灵感的诗句。洛伦佐·德·美第奇虽然是柏拉图主义者，但相信爱使爱人比自己更珍贵。他既爱她的心灵之美，又爱她的身体之美。爱是通向天堂的第一级台阶，但他自己是否经历过更高形式的世俗之爱，这一点值得怀疑。

洛伦佐·德·美第奇在诗歌《争辩》中阐述了柏拉图关于幸福本质的学说。诗歌描绘的场景是在一个山坡上，在一棵绿树的树荫下，附近是一个喷泉，下面是一片鲜花盛开的草地。在这里，洛伦佐·德·美第奇逃离了城市的混乱，"喜欢独自一人"。这时，一个叫阿尔费奥的牧羊人问他，为什么要离开佛罗伦萨的各种欢乐来到这个贫穷的地方。接着，他们讨论了城市和乡村，政治家和牧羊人各自的悲欢离合，得出的结论是：没有人满足于自己的生活。突然，他们听到了另外一个人的声音，马尔西利奥·费奇诺伴随着由竖琴伴奏的歌出现了。马尔西利奥·费奇诺把竖琴放在一边，坐在喷泉旁的一块石头上。洛伦佐·德·美第奇和阿尔费奥都尊崇他为"人父"。马尔西利奥·费奇诺问洛伦佐·德·美第奇，是什么导致他把自己的公共和私人责任抛在身后。洛伦佐·德·美第奇回答说，他在向往的田园生活中寻求到了精神上的满足，请求马尔西利奥·费奇诺告诉他们在哪里可以找到永久的幸福。马尔西利奥·费奇诺回答说，真正的幸福只存在于对上帝的认识和爱中：

> 我们的灵魂，纯洁而美丽，
> 有一双智慧和爱的翅膀，
> 她展翅飞向上帝。
> 和神共享美酒，
> 这是至高无上的幸福，
> 永恒持久，包容一切。

在这双翅膀中，爱比知识更伟大，更美好，因为在爱上帝中，灵魂变得神圣。马尔西利奥·费奇诺的演说结束时，太阳开始下沉，牧羊人去聚拢羊群。洛伦佐·德·美第奇突然向上帝——真正的光——慷慨激昂地祈祷照亮他的眼睛，点燃他的心，接纳他。美丽的景色和马尔西利奥·费奇诺的高谈阔论结合在一起，使《争辩》成为一部真正的艺术作品。这首诗和《颂歌》显示了洛伦佐·德·美第奇被天主教感动之强烈。《颂歌》是以流行曲调为背景的圣歌，宗教团体在游行或集会时演唱，主题包括了天主教的信仰。圣母玛利亚被挑选担当万物之主；基督从十字架上召唤罪人归向自己；基督复活了；基督像鹈鹕一样，把自己奉献给孩子们当面包吃。所有这些都是用真诚的热情唱出来的。也许，这些诗歌最能表达洛伦佐·德·美第奇内心深处的想法，体现了他未曾实现的愿望：

> 上帝啊，至高的善啊，为什么，
> 我一直在人群中找你，却从未找到过你？

洛伦佐·德·美第奇所有的宗教诗歌中都贯穿着一种求而不得的思想，一个渴望完美却又无法企及的灵魂。

佛罗伦萨以游行和盛大庆典来庆祝狂欢节。每个行会、每个年龄段的人都发挥着自己的作用。许多人精心表演《圣经》或古典场景，所有人都唱着歌。每年的五月和圣约翰节是在街上和广场上跳舞、唱歌的日子。《狂欢节之歌》和《欢快的舞曲》的创作都有洛伦佐·德·美第奇的贡献。很多通俗诗歌的创作都跟洛伦佐·德·美第奇有关系。因此，很难确定到底哪些诗歌是他创作的。洛伦佐·德·美第奇为鞋匠、糕点师、面包师、卖油和香水的小贩、金线纺纱工、骡夫、卖黄瓜和西瓜的乡下妇女写作，甚至拾荒者和乞丐也没有被遗忘。读他的诗歌就像置身于狂欢的喧闹人群中：年轻人和老年人都一心寻欢作乐，要从一天的假日中汲取每一分快乐，因为只有在那时才可以忘记贫穷和辛苦。母亲给女儿出谋划策的诗歌，以及女儿如何依此行事的故事，反映了那个时代

酒神狄俄尼索斯

低下的道德标准,老夫和少妻之间的争吵也是如此。诗歌有很多粗俗的笑话和一些影射。然而,诗歌的基本主题是青春和幸福是短暂的,这一思想在洛伦佐·德·美第奇最著名的诗歌《酒神之歌》中得到了体现。《酒神之歌》是为纪念酒神狄俄尼索斯而写的。《酒神之歌》体现了洛伦佐·德·美第奇视角下狂欢节的本质:

青春美好,
转瞬即逝!
及时行乐,
明日未知。

洛伦佐·德·美第奇创作的《酒徒》是一首关于饮酒的讽刺作品，同时也是对但丁·阿利吉耶里用三行体创作的《神曲》的戏仿。洛伦佐·德·美第奇并不是穿越至一个新的世界，而是去了离佛罗伦萨不远的里弗雷迪桥。作品讲述了在一个秋日，洛伦佐·德·美第奇在回城的途中，遇到了一群急着往相反方向走的人。洛伦佐·德·美第奇看见了一个叫巴尔托利诺的朋友，便问他要到什么地方去。洛伦佐·德·美第奇得知在里弗雷迪桥有人打开了一桶好酒，大家都想喝。他转向了同一个方向，巴尔托利诺则扮演了维吉尔在但丁·阿利吉耶里面前的角色，给洛伦佐·德·美第奇介绍了一下这群人并让他跟这群人交谈。这群人中有佛罗伦萨显赫家族的成员，有几位神父，还有几个地位低下的人。每个人都拿着自己的杯子，大家都一致称赞美酒。《酒徒》中有许多生动的描写，比如一个长鼻子的神父菲耶索莱把喝酒当作至乐之事，还有一个人给自己准备了一条干鲱鱼和一些凤尾鱼来当下酒菜。这首诗有一种令人陶醉的欢乐气氛，也有亵渎之词，堪比文艺复兴时期最糟糕的诗歌。是什么促使洛伦佐·德·美第奇这样一个热情的但丁学者写出这样一部作品，仍然是个未解之谜。可能洛伦佐·德·美第奇对自己的这个作品厌倦了，因为在描述到喝酒开始之前，最后一节突然中断了。

洛伦佐·德·美第奇晚年创作了一部叫《圣乔瓦尼和圣保罗的故事》的戏剧。1489年，该剧由福音传道者圣约翰公司的一个青年协会演出。十岁的朱利亚诺·迪·洛伦佐·德·美第奇也在演员阵容中。有人认为洛伦佐·德·美第奇自己扮演了罗马皇帝君士坦丁大帝和叛教者尤利安的角色。就像许多道德剧一样，该剧采取了一系列不连贯的场景，有一些为年轻演员匆忙拼凑的诗句。这些年轻演员恳求观众宽恕他们的舞台表现，因为他们还年轻。该剧的第一个场景介绍了君士坦丁大帝的女儿康斯坦丁娜，她因为向圣艾格尼丝祈祷治愈了麻风病，所以决心成为一名修女。然而，康斯坦丁娜已经被许配给一位帝国将军加里卡诺了，作为他战胜波斯人的奖赏。君士坦丁大帝和康斯坦丁娜都不愿同意这桩婚事。康斯坦丁娜建议父亲在表达让加里卡诺成为自己女婿的喜

康斯坦丁娜丁娜向圣艾格尼丝祈祷

悦之情的同时,应该派遣他去执行一项危险任务,危险到他不可能活着回来。君士坦丁大帝称赞女儿的聪明才智,因为她找到了摆脱困境的办法,这将挽救他的名誉。加里卡诺接受了这次任务,带着两个年轻的天主教教徒士兵乔瓦尼和保罗去征服达契亚。通过乔瓦尼和保罗的祈祷,他转败为胜。加利亚诺皈依了天主教,军队在十字架的旗帜下投入战斗,达契亚国王被俘虏,城市被占领。回到宫廷后,加里卡诺宣布胜利不属于自己,而属于基督。他渴望离开这个世界,去侍奉上帝。因此,康斯坦丁娜可以自由地从事她的事业了。君士坦丁大帝决定退位,让儿子弗拉维斯·克劳迪斯·康斯坦丁掌权。弗拉维斯·克劳迪斯·康斯坦丁即位后,称君士坦丁二世。君士坦丁二世的统治短暂而混乱,驾崩

君士坦丁二世

叛教者尤利安

时,他把自己的不幸归因于对天主教教徒的宽容。在君士坦丁二世的堂兄——叛教者尤利安——被选为皇帝之后,天主教教徒受到了残酷迫害,圣乔瓦尼和圣保罗就是其中的殉道者。当圣墨丘利从墓中被唤醒,给予叛教者尤利安的军队致命一击时,人们终于得到了解脱。叛教者尤利安承认许多天主教教徒向他报了仇,在他驾崩时,嘴里念念有词:"耶稣基督啊,你赢了。"

这部戏之所以令人难忘,是因为君士坦丁大帝退位时的演讲,洛伦佐·德·美第奇借此机会表达了对政治的看法。洛伦佐·德·美第奇宣称权力的美好只存在于外表,统治者的命运是身心的烦恼和疲惫。为了维护自己的权威,当政者不应该只考虑自己的利益,而要考虑大众的利益,统治者必须不断加强对舆论的监督,必须避免奢侈和贪婪,要和蔼可亲,以身作则,因为所有的眼睛都在注视着他。简而言之,统治者必须是"仆人的仆人"。叛教者尤利

第13章 诗人洛伦佐·德·美第奇 | 257

安说统治者是分配者而不是所有者,也表达了同样的理念。帝国的财富属于人民,皇帝有责任确保所有人都吃得饱,吃得好。荣誉是皇帝唯一的奖赏。洛伦佐·德·美第奇不认可在危机时期观察星象的做法,在该剧中,这一观点体现在叛教者尤利安拒绝听取占星家的意见:

> 国王和圣人都在天上,
> 因此,我要摆脱这无用的习俗,
> 好的举措和时机,
> 是幸运之人的自我选择。

在洛伦佐·德·美第奇的三部杰作中,《巴尔贝利诺的南恰》也许是最完美的一首诗歌。诗歌讲述了一个农民的爱情故事,但不是莎士比亚戏剧《皆大欢喜》中粗野的柯林和丑陋的奥德丽的故事。《巴尔贝利诺的南恰》中的男主人公瓦莱拉是一个富裕的年轻农民。按照洛伦佐·德·美第奇从小就熟悉的,至今仍很普遍的分成制,瓦莱拉以一半的农产品支付土地和工具的租金。瓦莱拉到佛罗伦萨卖了两头骡子,提出要把南恰喜欢的任何东西都带回来,从别针和纽扣到串珠项链或丝绸围巾。当牧羊女南恰在星期天穿着她最好的衣服去做弥撒时,在瓦莱拉眼里,她如珍珠一般漂亮。在舞会上,南恰敏捷得像只山羊,像磨坊的轮子一样旋转。舞会结束时,南恰的屈膝礼就像佛罗伦萨的任何一位贵妇人的屈膝礼一样优雅。瓦莱拉做的所有比喻都来自洛伦佐·德·美第奇日常生活中熟悉的事物。南恰的皮肤如猪油般柔滑,白若面粉,她比泉水还要清澈,如天上的星光一样闪耀。然而,洛伦佐·德·美第奇设法通过每个平凡的比喻来表达瓦莱拉对南恰深深的爱:

> 昨晚彻夜难眠,
> 黎明到来之前,

> 似乎过去了一千年，
> 你就要和你的羊群一起来了。
> 我从床上起来，
> 站在面包房门廊外面
> 等了半个多时辰，
> 直到月亮消失在空中。
> 当我看到你走出小屋，
> 跟着狗和羊群，
> 我心跳加剧，
> 泪流满面。

瓦莱拉晚上难以入眠，而且似乎过了一千年天还没亮。南恰就要带着羊群出来了。瓦莱拉在面包房外面等了一个半小时多，直到月亮渐渐消失。最后，狗在前面领着路，南恰带着羊来了。瓦莱拉的心跳了起来，滚烫的眼泪流了下来。他说，如果南恰把刀刺进他的心脏，他会大叫："南恰，美丽的南恰。"洛伦佐·德·美第奇进入了瓦莱拉的思想和情感，这是那个时代的其他诗人不能做到，也不愿意做到的事情。路易吉·浦尔契试图模仿《巴尔贝利诺的南恰》，结果创作了一部滑稽剧。洛伦佐·德·美第奇写的是一首迷人的情诗。

在诗歌《鹰猎》中，洛伦佐·德·美第奇描述了狩猎一天的乐趣。这首诗以描述美丽、可爱的清晨开始。东方红彤彤，山峦金光闪闪，群星消失，狼和狐狸偷偷溜进巢穴，农民要开工干活了。然后猎人们带着猎鹰和狗出现了。狗把猎物赶出隐蔽处，猎鹰扑向猎物，马儿在飞驰，就像两位携鹰猎手争执之后又握手言欢。一天很快就过去了，疲惫的猎手们开始想家了，他们会在梦中重温一天的美好。在《鹰猎》中，洛伦佐·德·美第奇把自己从治国之道的忧虑与烦恼中解脱出来，暂时变成了一名猎人。

诗歌《安布拉》是为了纪念洛伦佐·德·美第奇在波焦阿卡伊阿诺的别

墅而创作的。该别墅位于翁布罗内河和亚诺河的交界处。这个故事以奥维德的《变形记》为蓝本,讲述了牧羊人劳罗和河神翁布罗内深爱的仙女安布拉的故事。安布拉在翁布罗内的追赶下一路狂奔,直到被翁布罗内的同伴亚诺挡住了去路,她祈求女神戴安娜把她变成了一块石头。安布拉现在还在那里,一个被她高傲的情人包围着的小岛,他还在为自己心爱的姑娘哀叹。《安布拉》由两个松散的部分组成。洛伦佐·德·美第奇在第一部分中用生动的笔触描述了乡村冬天的景象——候鸟飞到了海外,树木光秃秃的,河水涨了起来。洪水上涨时,受惊的农民为了安全把牲口从畜栏里放了出来,身上背着东西,怀里抱着哭泣的孩子:

> 有些人在房顶上避难,
> 眼睁睁地看着可怜的家当被冲走了,
> 连同他们的辛劳和希望;
> 担忧自己的安危,
> 他们在悲叹中沉默不语。
> 每个人都对生命充满了恐惧,
> 似乎对珍贵的财产毫不在意,
> 更大的灾难会带走一切。

在第二部分中,安布拉和情人的故事被描述得美丽动人,但在洪水的现实主义画面前起到了一种反高潮的作用。

对一个只能在闲暇时间写诗的人来说,洛伦佐·德·美第奇的两卷诗集是一项了不起的成就。诗歌展现了洛伦佐·德·美第奇个性的方方面面:他以情人、学者、政治家、乡下人的身份写作;他是一个陶醉于生活的喜悦,同时又被悲伤困扰的人;他兼收并蓄,但因过于专注于尝试不同形式的诗歌,缺乏一定的独创性。然而,在表达对佛罗伦萨人和景色的熟悉与热爱时,洛伦

《女神戴安娜》

佐·德·美第奇又是独具特色的。在他的笔下，橄榄叶时而白色，时而绿色，因为它们被冬天的风吹得左右摇摆。他描写牧羊人和狗一起看守羊群，描写糕点师给狂欢的人们推荐糕点，因为所有这些都是他观察到并喜爱的对象。这就是洛伦佐·德·美第奇作为诗人的杰出之处。

《意大利文学史杂志》提出了一个观点，即《巴尔贝利诺的南恰》的作者不是洛伦佐·德·美第奇，而是一位鲜为人知的当代诗人贝尔纳多·詹布拉里。这一归属引起了激烈的争论。作品归属问题在本章被刊登后出现的一本书中得到了更加充分的论证。参看由意大利人马尔凯蒂主编的《贝尔纳多·詹布拉里未发表的诗歌》一书。1955年，该书在佛罗伦萨的桑索尼出版社出版。

第14章
洛伦佐·德·美第奇之死

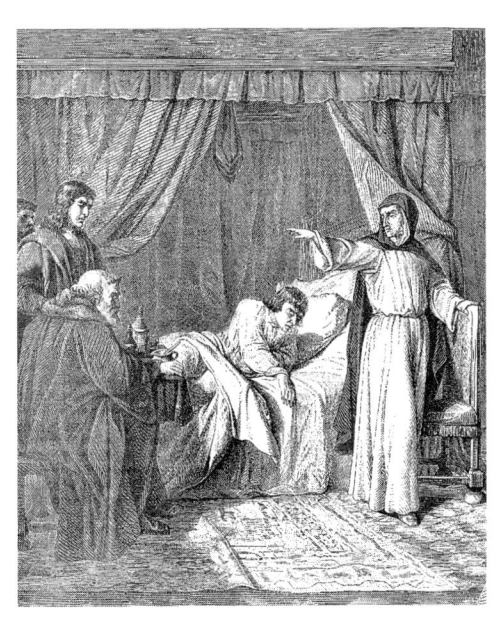

精彩看点

洛伦佐·德·美第奇的痛风病——洛伦佐·德·美第奇离开佛罗伦萨——洛伦佐·德·美第奇和吉罗拉莫·萨沃纳罗拉的会面——洛伦佐·德·美第奇去世——洛伦佐·德·美第奇的遗体被运回——皮耶罗·迪·洛伦佐·德·美第奇上台——皮耶罗·迪·洛伦佐·德·美第奇被赶下台——美第奇家族回归——对洛伦佐·德·美第奇的评价

洛伦佐·德·美第奇小时候身体强壮、活泼、健康，但在他掌权之前，身上的病症开始显现出来了。洛伦佐·德·美第奇遗传了父亲皮耶罗·迪·科西莫·德·美第奇的痛风，但洛伦佐·德·美第奇的主要病症似乎是关节炎，伴有阵发性风湿热，导致身体机能衰竭，疼痛日益加重。和同时代的大多数人一样，洛伦佐·德·美第奇经常泡温泉。他每年都要去母亲卢克雷齐娅·托尔纳博尼在莫尔巴创建的温泉疗养地，有时还去斯佩达莱托的别墅或是博洛尼亚上流社会最喜爱的度假胜地波雷塔。每次疗养回来后，洛伦佐·德·美第奇都表现得开朗乐观，宣称自己精力充沛、精神百倍。然而，他的身体越来越虚弱，最后甚至不能走路，也不能握笔。洛伦佐·德·美第奇卖掉卡法吉奥罗后，最喜欢的乡间别墅是安布拉别墅。1480年，洛伦佐·德·美第奇买下了位于波焦阿卡伊阿诺的安布拉别墅。这座别墅是由朱利亚诺·达·圣加罗重建的，安德烈亚·德尔·萨尔托是受雇装饰别墅的画家之一。在安布拉别墅，洛伦佐·德·美第奇对农业试验还有埃及布尔吉王朝的苏丹卡特巴送的动物感兴趣。动物包括猿猴、鹦鹉，还有一头长颈鹿，长颈鹿"非常温顺，会吃孩子递给它的苹果"。卡特巴送给洛伦佐·德·美第奇的一些礼物和一些经典场景被画在了别墅壁画中。洛伦佐·德·美第奇卧室里的书单显示了他晚年翻阅的文学作品，包括《福音书》、三位伟大的佛罗伦萨诗人——但丁·阿利吉耶里、弗朗切斯

多梅尼科·布尔基耶洛

科·彼特拉克和乔瓦尼·薄伽丘——的作品、波爱修斯的《哲学的慰藉》、一部医学专著及多梅尼科·布尔基耶洛的十四行诗。多梅尼科·布尔基耶洛做过理发师,于洛伦佐·德·美第奇出生那年去世。在多梅尼科·布尔基耶洛的滑稽诗句中再现了一个佛罗伦萨人的悲与喜。波焦阿卡伊阿诺别墅位于去皮斯托亚的大道旁,离佛罗伦萨很近,但随着洛伦佐·德·美第奇的行动越来越困难,他一般住在卡雷吉的乡村别墅里,在那里可以骑马,也可以坐轿子到城里去。医生给洛伦佐·德·美第奇开了各种奇怪的药方。其中一个药方是给一块鸡血石镶上黄金,做成戒指,戴在左手上。医生声称有了这个戒指,痛风和关节炎疼痛就再也不会复发了。洛伦佐·德·美第奇最后还用了一种用臼捣碎的宝石混合物。洛伦佐·德·美第奇最喜欢的医生赛尔·皮耶罗·莱奥尼给了他更实际的建议：不要让脚寒冷、潮湿及当心日落时的空气，不要吃梨或吞下葡萄籽。然而，洛伦佐·德·美第奇死后，有人指责赛尔·皮耶罗·莱奥尼所谓的科学纯粹是撒谎和巫术。赛尔·皮耶罗·莱奥尼在悲伤与痛苦中跳井自杀。

在跟前往罗马的枢机主教儿子乔瓦尼·迪·洛伦佐·德·美第奇告别后，洛伦佐·德·美第奇最后一次离开了佛罗伦萨。安杰洛·波利齐亚诺在大约六周后写的一封信中描述了洛伦佐·德·美第奇在卡雷吉临终时的情况。当洛伦佐·德·美第奇自知大限即将来临时，他派人去请神父来忏悔。听说要举行

洛伦佐·德·美第奇派人请来神父

最后的圣礼，洛伦佐·德·美第奇坚持要站起来，说要去见创造并拯救自己的主。他跪下来祈祷，直到神父命令侍从把他扶回床上。他在床上非常平静和虔诚地接受了神父的祈祷。接着，洛伦佐·德·美第奇和长子皮耶罗·迪·洛伦佐·德·美第奇进行了告别谈话，说了些安慰和忠告的话。听到安杰洛·波利齐亚诺的声音，洛伦佐·德·美第奇叫道："你在这儿吗，安杰洛？"当安杰洛·波利齐亚诺走近时，洛伦佐·德·美第奇抓住他的双手，紧紧地握住。听说洛伦佐·德·美第奇表示要见自己，乔瓦尼·皮科·德拉·米兰多拉急忙赶到了卡雷吉。洛伦佐·德·美第奇对他说，能见到自己的好朋友，他死得更心甘情愿了。洛伦佐·德·美第奇还半开玩笑地补充道："我真希望死神放过我，直到我收集完你的藏书。"下一个客人是吉罗拉莫·萨沃纳罗拉，也是应洛伦佐·德·美第奇的要求而来的。根据安杰洛·波利齐亚诺的记述，吉罗拉莫·萨沃纳罗拉劝诫洛伦佐·德·美第奇坚守自己的信仰，如果能活下来就要完善自己的人生，反之，就把死亡当成上帝的旨意。洛伦佐·德·美第奇完全认同吉罗拉莫·萨沃纳罗拉的劝诫。在离开之前，吉罗拉莫·萨沃纳罗拉为洛伦佐·德·美第奇祈祷。在洛伦佐·德·美第奇生命的最后几个小时里，有人开始给他宣读耶稣受难的故事。他躺在那里听着，不时把一个银十字架按在嘴唇上，直到1492年4月8日星期日晚上，离开了人世。

关于洛伦佐·德·美第奇和吉罗拉莫·萨沃纳罗拉之间的会面，吉罗拉莫·奇诺齐讲述了一个全然不同的故事。这个版本的故事是吉罗拉莫·奇诺齐根据一位名叫弗拉·西尔韦斯特罗的多明我会修士说法来的，这个修士是与吉罗拉莫·萨沃纳罗拉一起遇难的多明我会修士之一。据吉罗拉莫·奇诺齐说，弗拉·西尔韦斯特罗是听吉罗拉莫·萨沃纳罗拉亲口说的。在这个故事中，洛伦佐·德·美第奇说自己良心上有三宗罪，希望得到宽恕，这三宗罪分别是洗劫沃尔泰拉、挪用嫁妆基金及残酷报复帕齐家族。吉罗拉莫·萨沃纳罗拉回答说，上帝是仁慈的，但洛伦佐·德·美第奇需要做三件事。首先是信仰，与安杰洛·波利齐亚诺记述的一样，洛伦佐·德·美第奇说自己完全相信上帝的仁

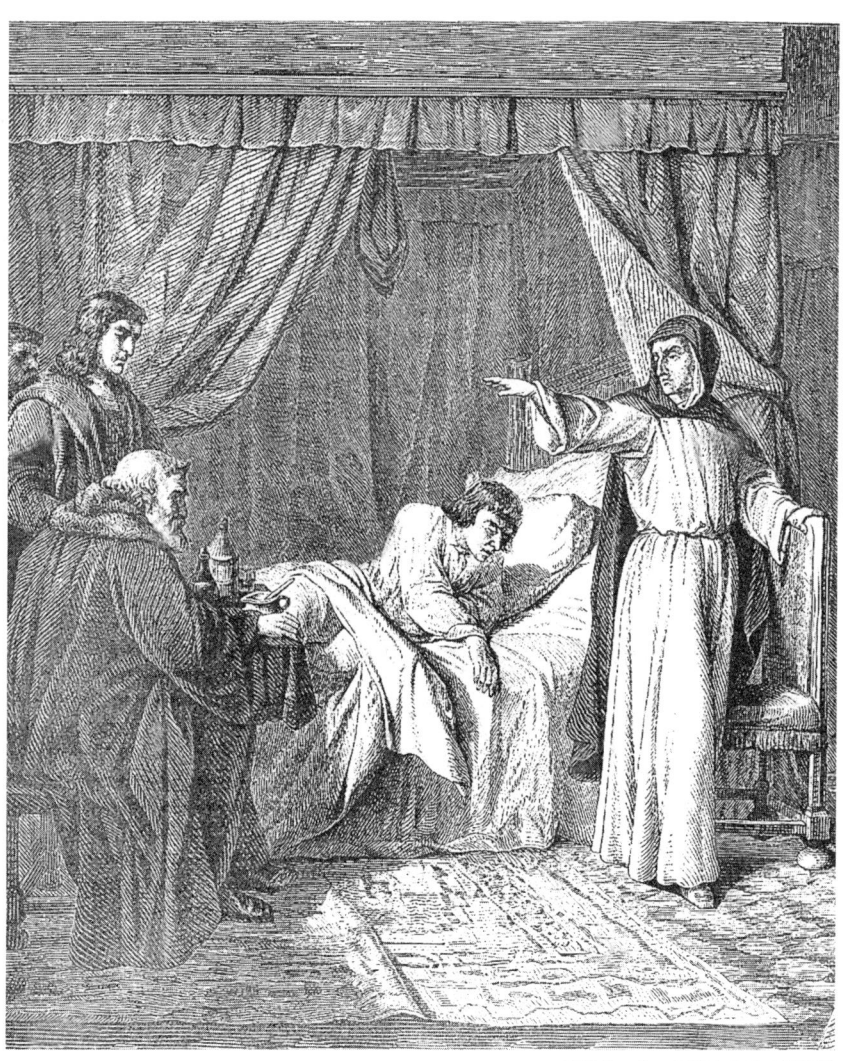

洛伦佐·德·美第奇离世时的场景

慈。其次，洛伦佐·德·美第奇必须归还不义之财。经过一番犹豫之后，洛伦佐·德·美第奇同意了。最后，洛伦佐·德·美第奇必须恢复佛罗伦萨的自由。听到这些话，洛伦佐·德·美第奇转过身去，一言不发，不理睬吉罗拉莫·萨沃纳罗拉。吉罗拉莫·萨沃纳罗拉没有赦免他。不久，洛伦佐·德·美第奇就在悔恨中痛苦地死去。这个耸人听闻的故事，在洛伦佐·德·美第奇逝世八年后被记录了下来，被吉罗拉莫·萨沃纳罗拉的信徒，尤其是吉罗拉莫·萨沃纳罗拉的主要传记作者帕奇菲科·布拉马奇反复讲述，成为一种普遍说法，广为流传。历史学家们认识到无论是安杰洛·波利齐亚诺还是吉罗拉莫·萨沃纳罗拉都不可能没有任何偏见。因此，迄今为止，历史学家们都采用了与自己对洛伦佐·德·美第奇性格估计相符的版本。然而，近年来，罗伯托·里多尔菲教授发现了一封不偏不倚的信，是在洛伦佐·德·美第奇死后五天写的，这封信证实了安杰洛·波利齐亚诺说法的真实性。卡洛·德尔·贝诺尼写信给朋友皮耶罗·圭恰迪尼，说到自己在比萨因公出差期间佛罗伦萨发生的事情，信中提到了"我们城市共同的父亲"的死亡，说洛伦佐·德·美第奇接受了临终圣礼，吉罗拉莫·萨沃纳罗拉也见过了他，"洛伦佐·德·美第奇从吉罗拉莫·萨沃纳罗拉的来访中得到了很多慰藉"。最后，卡洛·德尔·贝诺尼表示，洛伦佐·德·美第奇的死亡方式就像他活着时一样令人钦佩。

除了证据问题，沃纳那罗拉主义者的传说中有些地方根本说不通。首先，洛伦佐·德·美第奇已经向教区神父忏悔，关于这一点，所有的说法都一致，很难相信他会向吉罗拉莫·萨沃纳罗拉再次忏悔。再次，试图将吉罗拉莫·萨沃纳罗拉和洛伦佐·德·美第奇的临终会面描述为暴政和公民自由这两个对立原则之间的冲突，是为了追溯吉罗拉莫·萨沃纳罗拉在佛罗伦萨政治中扮演的角色。1482年，当吉罗拉莫·萨沃纳罗拉第一次以助理神父的身份来到圣马可修道院担任布道者时，他的布道未能吸引到佛罗伦萨的一些关键人物。当吉罗拉莫·萨沃纳罗拉在圣洛伦佐教堂布道时，影响甚微，快结束时只剩下二十五名妇女和儿童在那里听他布道。作为一名布道者，吉罗拉莫·萨沃纳罗拉的伟大声誉可以追溯到1490年。当时，他在离开佛罗伦萨几年后又回到了圣马可修道院，成为修道院院长。他的回归是乔瓦尼·皮科·德拉·米兰多拉提议的，洛伦佐·德·美第奇也表示认同。1491年，吉罗拉莫·萨沃纳罗拉在大教堂的第一次布道吸引了来自佛罗伦萨各个阶层的热心听众。文人欣赏他的学识、哲学观及将《圣经》教导与实际生活联系起来的能力。他对罪恶的谴责和对即将降临意大利灾祸的预言，以及随后的复兴，引起了人们的广泛共鸣。许多人都承认吉罗拉莫·萨沃纳罗拉是一个真正的宗教人士，洛伦佐·德·美第奇就是其中之一。据了解，洛伦佐·德·美第奇对吉罗拉莫·萨沃纳罗拉唯一的批评是他担心吉罗拉莫·萨沃纳罗拉的预言会对易激动的佛罗伦萨人产生影响，于是让人给他捎了一个口信，告诉他少谈未来。圣马可修道院与美第奇家族密切相关，在大教堂的大斋节和降临节布道是由执政团安排的。因此，如果洛伦佐·德·美第奇认为吉罗拉莫·萨沃纳罗拉会威胁到自己的统治地位，他可以轻易地让吉罗拉莫·萨沃纳罗拉闭嘴，或者把他从圣马可修道院调走。洛伦佐·德·美第奇非但没有采取措施来压制吉罗拉莫·萨沃纳罗拉，反倒在临终时向他寻求安慰。事实上，直到美第奇家族被驱逐，吉罗拉莫·萨沃纳罗拉在佛罗伦萨内部政治中的作用才开始显现。后来，当吉罗拉莫·萨沃纳罗拉的预言因法兰西王国侵略者的出现而应验时，人们转而以吉罗拉莫·萨沃纳罗拉为指导者，在他的影响下建立了民主宪政。从此以后，维护和加强新政权成为吉罗拉莫·萨沃纳罗拉布道的主题之一，他利用一切机会强调过去的专制和现在的自由之间的对比。因此，吉罗拉莫·萨沃纳罗拉给洛伦佐·德·美第奇披上了暴君的外衣，他的追随者对此添油加醋，却没有扪心自问，洛伦佐·德·美第奇在临终之时能采取什么样的措施来恢复佛罗伦萨的自由呢？

　　洛伦佐·德·美第奇的遗体从卡雷吉运到了佛罗伦萨，先停放在圣马可修道院，等待着在圣洛伦佐教堂安葬。他的遗体被安置在圣洛伦佐教堂旧圣器室。16世纪，洛伦佐·德·美第奇和弟弟朱利亚诺·德·美第奇的遗骸一起被转移到由米开朗琪罗为教皇克莱门特七世建造的新圣器室。根据最初的计划，要在新圣器室建造四个巨大的墓碑，代表洛伦佐·德·美第奇的儿子朱利亚诺·迪·洛伦佐·德·美第奇和孙子洛伦佐·迪·皮耶罗·德·美第奇，很可能还有洛伦佐·德·美第奇本人和弟弟朱利亚诺·德·美第奇，结果只建成了两个墓碑。米开朗琪罗的雕塑技艺在朱利亚诺·迪·洛伦佐·德·美第奇和洛伦佐·迪·皮耶罗·德·美第奇的雕塑上达到了极致。1512年，这两位美第奇成员重获佛罗伦萨的统治地位。"伟大的洛伦佐·德·美第奇"与弟弟朱利亚诺·德·美第奇长眠在一个无名的墓里。

洛伦佐·德·美第奇去世后几天，执政团提议由皮耶罗·迪·洛伦佐·德·美第奇继承他的所有职位，该提议以七比一的多数票由议会通过。用该决议法令上的话来说，这是对一位"将社会利益置于个人利益之上"的伟人的"公开感恩"。记录在案的投票结果有可能是公民感受的准确反映。在商业寡头中，有一个反对美第奇统治的核心力量。但绝大多数人，包括一些对洛伦佐·德·美第奇不满的人，都意识到自己的权势取决于内部的团结一致，而团结一致的最可靠保障是获得政治上的支配地位。因此，为了自己的利益，商业寡头们决定继续佛罗伦萨近六十年的非官方独裁统治。社会各个阶层有很多人对洛伦佐·德·美第奇的去世表示了真正的哀恸。穷人为失去一位慷慨的捐助人而悲叹，洛伦佐·德·美第奇曾给他们提供了许多娱乐活动。艺术家和文人失去了源源不断和开明的支持。意大利和欧洲列强纷至沓来的吊唁信使公民们认识到洛伦佐·德·美第奇在整个文明世界受到的尊敬。没有人比那不勒斯的国王斐迪南一世对未来的遗憾和忧虑更大，他写道："这个人活的时间很长，足以使他获得不朽名声。但对意大利来说，他活得不够长。他已过世，但愿人们不要试图去做在他活着的时候他们不敢做的事情。"一位叫卢卡·兰杜奇的药材商总结了佛罗伦萨的民意，在日记中写道，洛伦佐·德·美第奇是人们能找到的最伟大的人，"所有人都说他是意大利的领袖，因为他头脑的确聪明，所有的策略都很成功"。对洛伦佐·德·美第奇成就的赞赏使佛罗伦萨人对一个事实视而不见，即在他的统治下，佛罗伦萨人珍视的自由只是名义上的。然而，共和制政府的形式保留了下来。有了这些形式，如果当权者看到一个领导人无法促进公共利益，有权免除这个领导人的权力。

皮耶罗·迪·洛伦佐·德·美第奇一开始似乎已经尽了最大努力来让大家满意。他承认自己年轻、缺乏经验，表示打算在国家事务方面听取公民代表的意见。然而，他的奢侈及马匹和猎鹰的数量，他花在运动上的时间及他对公共事务的忽视引起了人们的批评。因此，佛罗伦萨对他持保留意见。当米兰和那不勒斯之间的所有和解努力都失败后，卢多维科·斯福尔扎承诺支持法兰西国王查理八世，危机随之而来。因此，防止法兰西入侵意大利的希望破灭了，佛罗伦萨不得不做出抉择，要么与多年的盟友，也就是作为最好主顾的法兰西王国断绝关系，要么背弃佛罗伦萨曾发誓帮助其抵御侵略的那不勒斯。在佛罗伦萨政府的全力支持下，皮耶罗·迪·洛伦佐·德·美第奇决定支持那不勒斯，但他不能带动佛罗伦萨人。羊毛贸易工人因法兰西王国禁运佛罗伦萨货物而失业。皮耶罗·迪·洛伦佐·德·美第奇的堂叔洛伦佐·迪·皮耶尔弗朗切斯科·德·美第奇和乔瓦尼·迪·皮耶尔弗朗切斯科·德·美第奇被人发现与法兰西王国秘密通信，被驱逐出城。舆论的声音表示佛罗伦萨应该站在法兰西和米兰一边，而不是那不勒斯一边。1494年秋，法兰西王国的军队开始入侵托斯卡纳地区，抵抗力量随着敌军的深入日趋瓦解。皮耶罗·迪·洛伦佐·德·美第奇不顾一切地试图挽救局势。可能是想到了父亲洛伦佐·德·美第奇为了和平只身前往那不勒斯的著名历程，皮耶罗·迪·洛伦佐·德·美第奇秘密前往法兰西营地与查理八世谈判。会谈的结果是，佛罗伦萨的四座堡垒——比萨、里窝那、萨尔扎纳和皮耶特拉桑塔——无条件向法兰西人投降，从而为法兰西人打通了通往佛罗伦萨的道路。佛罗伦萨执政团对这个消息深感震惊，认为皮耶罗·迪·洛伦佐·德·美第奇的统治与公众利益背道而驰，应该立即结束。当皮耶罗·迪·洛伦佐·德·美第奇回到城里时，发现市政厅大门紧闭。那天晚上，皮耶罗·迪·洛伦佐·德·美第奇骑着马穿过亚平宁山脉去了博洛尼亚，再也回不到佛罗伦萨了。

皮耶罗·迪·洛伦佐·德·美第奇被迅速而轻易地赶下台，充分证明了美第奇家族的统治对共和国首席执政官的依赖性。在接下来的十八年里，佛罗伦萨试验了建立在广泛基础上的政府形式。这种体制的主要特点是按照威尼斯模式建立了一个大元老院，这种模式赢得了当时一些重要政治理论家的认可，起初运作良好。由于吉罗拉莫·萨沃纳罗拉的干预，修宪没有发生流血冲突。查理八世以朋友的身份进入了佛罗伦萨。然而，派系之争很快就出现了。商人寡头政治的很多成员原本希望在废除美第奇家族后能够保留自己的权力，他们反对使中产阶级更加突出的制度。大元老院变成了寡头和民主派之间的战场，成为有效政府的障碍。大约一年后，吉罗拉莫·萨沃纳罗拉激发的道德和宗教热情产生了激烈反应，而这只会加剧他努力想要弥合的公民冲突。吉罗拉莫·萨沃纳罗拉在1498年的殉难没有给共和国的内外局势带来根本性改变。皮耶罗·索代里尼被选为"终身正义旗手"，没有结束派系斗争。与法兰西的联盟不仅让佛罗伦萨付出了巨大的代价，当其他意大利列强联合起来驱逐外国势力时，佛罗伦萨也开始被孤立。不断增加的融资困难和附属城市的叛乱让佛罗伦萨政府麻烦不断。

1512年，法兰西国王路易十二被赶出了米兰。神圣同盟的军队向佛罗伦萨挺进，皮耶罗·索代里尼逃亡，美第奇家族回归。弗朗切斯科·圭恰迪尼是那些希望1494年改革能使佛罗伦萨建成一个"秩序井然的共和国"的人之一。弗朗切斯科·圭恰迪尼意识到自己的希望落空了，于是写了一本小册子，阐述了美第奇家族重树权威的途径。弗朗切斯科·圭恰迪尼的主要建议是：美第奇家族应该按照洛伦佐·德·美第奇的方式行事。大约同一时期，尼科洛·马基雅维利写了《君主论》，献给洛伦佐·迪·皮耶罗·德·美第奇，呼吁他使佛罗伦萨团结一致，驱逐外国侵略者，成为意大利的救世主。

弗朗切斯科·圭恰迪尼和尼科洛·马基雅维利本质上都是共和主义者，都表达了对"伟大的洛伦佐"工作的认可。佛罗伦萨人的悲剧在于他们既有狂热的共和主义精神，又有派系思想，使一个由众多公民有效参与的政府陷于瘫痪。15世纪初，人们在讨论如何处理公民间的争执时曾说："真正困扰我们的是我们自己。"在洛伦佐·德·美第奇执政期间，问题得到了解决，佛罗伦萨建立了一个强大的政府，佛罗伦萨人珍视的共和制度也得以保留。从洛伦佐·德·美第奇的时代到今天，有些人把洛伦佐·德·美第奇称为"暴君"。然而，这个词很难适用于一个没有武装支持，还要依靠共和国首席执政官的同意来获得权力的人。洛伦佐·德·美第奇如何保持对政府的控制，如何在议会中获得多数票，以便采取他认为的有利措施，这始终是一个谜。他的方法既冷酷又机智。所有这一切都是为了让人们认识到他的友谊带来的好处，以及那些反对他的人面临的危险。人们也看到了洛伦佐·德·美第奇在处理外交关系时具有协调不可调和事物的能力。他不断为意大利的团结而努力，也尽力维护一些小国的独立，因为正是这些小国使意大利的文明丰富多彩。只有具有独特性格和天赋的人才能填补洛伦佐·德·美第奇在佛罗伦萨或意大利的位置。然而，事实证明洛伦佐·德·美第奇的继任者皮耶罗·迪·洛伦佐·德·美第奇完全没有这种能力。1530年，神圣罗马帝国和教皇组成联军之前，佛罗伦萨共和国出现了君主制的趋势。从那时起，美第奇家族先是以佛罗伦萨公爵的身份统治，后来又以托斯卡纳大公的身份统治，意大利则被外国势力控制。

洛伦佐·德·美第奇和同时代人一样，热爱美与知识，拒绝让道德上的顾虑阻碍政治和个人目标的实现。在他看来，任何符合佛罗伦萨和美第奇家族利益的行为都是正当的。他天生反对暴力，洗劫沃尔泰拉，以及对帕齐家族的报复，一直都让洛伦佐·德·美第奇苦恼。然而，他还是要为导致沃尔泰拉暴行的一连串事件负责，为没有采取行动制止对帕齐家族的报复负责。作为一个敌人，他是无情的，但他是一个可以交往的朋友，坚持不懈地为那些他喜欢的人谋求利益，对那些为他服务的人不吝溢美之词。对他人的关心和理解使洛伦佐·德·美第奇获得了教皇英诺森八世和斐迪南一世的信任，与路易吉·浦尔契和乔瓦尼·皮科·德拉·米兰多拉等性情各异的人成了朋友。洛伦佐·德·美第奇还同情佛罗伦萨的工匠和托斯卡纳的农民。也许洛伦佐·德·美第奇最大的天赋体现在"文明"一词上，不高调傲慢，即在公民生活中，他从不摆架子，连他的孩子都叫他"洛伦佐"。当洛伦佐·德·美第奇和一个比他年长的公民在一起时，他会小心翼翼地把右手边的上座让给这个公民。洛伦佐·德·美第奇执政期间，佛罗伦萨保持了共和精神和团结。政治、大型贸易、学术和艺术并不是相互独立的，而是一个整体，洛伦佐·德·美第奇影响着这个整体的方方面面。这种环境对有才能和有进取心的人产生的激励作用是不容低估的。共同的理想、直言不讳的批评、激烈的竞争和无限的机遇，成就了伟大的事业。佛罗伦萨历史上最辉煌的时期就是洛伦佐·德·美第奇时代。

第15章
佛罗伦萨与意大利文艺复兴

精彩看点

意大利文艺复兴与美第奇家族的关系——佛罗伦萨的三大著名建筑——意大利文艺复兴的起源——文艺复兴早期阶段结束——米开朗琪罗的雕塑——拉斐尔的绘画——教皇利奥十世——意大利文艺复兴的影响

"意大利文艺复兴"这个词首先会使很多人联想到佛罗伦萨和美第奇家族。这种观点是由英格兰利物浦的一位律师威廉·罗斯科提出的。1796年,他发表了关于洛伦佐·德·美第奇的开创性著作《洛伦佐·德·美第奇传》。由于无法亲自前往意大利,威廉·罗斯科收集了能找到的所有印刷书籍,还让一位朋友帮他抄写了佛罗伦萨档案馆和图书馆的手稿,其中包括洛伦佐·德·美第奇的许多书信和当时还未发表的许多诗歌。威廉·罗斯科的目的不仅是书写历史事件,还要书写文学和艺术的进步。威廉·罗斯科的作品体现了政治与文化之间的密切联系。在他看来,总体来说,洛伦佐·德·美第奇"也许是任何时代或国家造就的最出色的人"。通过对洛伦佐·德·美第奇的了解,威廉·罗斯科也了解了意大利文艺复兴。美第奇时代的辉煌让威廉·罗斯科如此赞叹,以至他不相信佛罗伦萨的文艺复兴早在美第奇家族崛起之前就开始了,也不了解文艺复兴精神在意大利其他城市的活跃程度。

　　佛罗伦萨最著名的三座建筑——圣母百花大教堂、维奇奥宫和圣十字圣殿——都是在13世纪最后十年建成的,建筑师是阿诺尔福·迪·坎比奥。13世纪末,但丁·阿利吉耶里仍在积极参加社会活动,是一个诗人团体的成员,正是十四行诗和抒情诗孕育了托斯卡纳的乡土文学。年轻的乔托·迪·邦多纳离开了羊圈,来到契马布埃的画室,在阿西西上教堂开始了他大型系列壁画的第一部——《圣方济各的生平》。从乔托·迪·邦多纳开始，意大利绘画以其无与伦比的叙述能力和对人类价值的感悟而崛起。如果说佛罗伦萨文艺复兴起始于但丁·阿利吉耶里时代，那么在14世纪和15世纪之交，佛罗伦萨文艺复兴又有了一次大飞跃。这是一个人文主义的时代，古典复兴开辟了新的生活理念。人们从马库斯·图留斯·西塞罗那里了解到了思想和行动关系的重要性，理想的哲学家不再是遁世隐居之人，而是履行公民义务的人。通过翻译亚里士多德和柏拉图的著作，佛罗伦萨共和国总督列奥纳多·布鲁尼帮助同时代的人熟悉了希腊思想。与此同时，人们对希腊语的了解也越来越多。据说，佛罗伦萨就像雅典一样，在街上经常能听到有人说希腊语。文艺复兴的精神在艺术中也开始发挥作用。马萨乔的壁画，多纳泰罗和洛伦佐·吉贝尔蒂的雕塑及菲利波·布鲁内莱斯基的建筑杰作圣母百花大教堂的圆顶都是文艺复兴的体现。这些都显示了在过去一百年里，人类在技术上取得的巨大进步、对传统的逃避、对实验的热爱和对人的尊严与意义的重新强调。因此，美第奇家族承袭了一个伟大的传统。洛伦佐·德·美第奇不是佛罗伦萨文艺复兴的缔造者，但把文艺复兴推向了高潮。他与一个富有智慧和艺术天赋的民族的文化利益有着积极的联系，发挥着自己的作用。也许最重要的是，通过对国家事务的指导，洛伦佐·德·美第奇在佛罗伦萨内外都为和平艺术的繁荣提供了条件。

　　意大利文艺复兴起源于独立的城邦，这是一个具有重要意义的事实。在任何地方，每个人爱国奉献的对象都不是意大利，而是自己的城邦。城邦是每一个人的祖国。人们渴望在这里获得权力、成功及漂亮的房子，渴望自己城邦的公民能够凭借才华和自由而声名远扬。每个城市都把自己看作罗马共和国的缩影。在罗马共和国，权力是掌握在公民和民选议会手中的。专制君主的权力首先来自共和国，共和国规定了他们的统治条件，要求他们宣誓同意。当雅各布一世·达·卡拉拉被委以重任，管理帕多瓦政府时，他被要求发誓要保证城市食物供应充足，保护大学，同意他的开支必须得到限制。这是许多专制君主和共和国之间订立契约的典型。人民将权力授予君主，也有权将其收回。专制君主都意识到，为了维护自己的地位，必须让民众相信自己的统治符合他们的利益，自己的出现为这座城市增添了光彩。因此，无论是公民们继续管理自己的事务，还是把最高权力交给公民中的某一个人，每个城市都被证明是培养艺术的沃土，艺术的表现形式体现了人民的独特才能。

与专制君主相比，共和国对本土人才的依赖性更强。与乔托·迪·邦多纳同时代的杜乔是锡耶纳艺术的创始人。在接下来的两个世纪，锡耶纳当地画家继续按照杜乔描绘的线条作画。美国艺术史学家伯纳德·贝伦森说："好像佛罗伦萨不是在锡耶纳四十英里之外，而是在四千万英里之外。"锡耶纳当地

杜乔

画家是装饰艺术的大师,这一点从大教堂的地面就可以看出来,教堂的装饰图案可从14世纪一直追溯到19世纪。锡耶纳画派的神秘主义,对美的热情和柔和的色调使锡耶纳人对文艺复兴时期的绘画做出了独特贡献。然而,由于锡耶纳画派画家的孤立主义倾向,15世纪末,他们的灵感开始枯竭。画家平托瑞丘来自佩鲁贾,枢机主教弗朗切斯科·托代斯基尼·皮科洛米尼聘请平托瑞丘用描绘教皇庇护二世生活场景的画作装饰锡耶纳大教堂。平托瑞丘和彼得罗·佩鲁吉诺都在他们家乡以外的地方工作,其中就包括罗马。在平托瑞丘和彼得

枢机主教弗朗切斯科·托代斯基尼·皮科洛米尼

拉斐尔

罗·佩鲁吉诺的领导下,佩鲁贾的翁布里亚画派声名鹊起。乌尔比诺的拉斐尔来到彼得罗·佩鲁吉诺的画室工作。拉斐尔移居到佛罗伦萨后,把从佛罗伦萨画派学到的所有东西都移植到翁布里亚传统中。翁布里亚传统是拉斐尔艺术的基础。

没有哪一个城市的文艺复兴比威尼斯更能反映一个民族的气质和理想。威尼斯共和国在其公民眼中是"除了罗马,世界上最伟大、最光荣的共和国"。威尼斯公民对自己充满信心,不受政治问题困扰,他们的目的是享受自己的文化遗产,为文化的辉煌做出贡献。罗马枢机主教贝萨里翁献给马尔恰那图书馆的六百份希腊文手抄稿是一份珍贵的遗产，推动了古典研究。但威尼斯人的兴趣是语言、历史和文学，而不是哲学。在印刷和玻璃制造艺术中，在使他们的绘画与众不同的东方色彩的丰富性中，简而言之，在一切需要技术技巧的事物中，威尼斯人都是非常出色的。威尼斯的主要画家真蒂莱·贝利尼和乔瓦尼·贝利尼两兄弟、维托雷·卡巴齐奥、乔尔乔内、提香、保罗·委罗内塞的作品都展现了人物内心的宁静，以及一种独特且令人赏心悦目。他们理想中的美体现在乔尔乔内的《沉睡的维纳斯》中，一位美丽绝伦的女子在洞穴中休憩，洞穴处风景如画。《沉睡的维纳斯》与桑德罗·波提切利的《维纳斯的诞生》形成了鲜明对比。在《维纳斯的诞生》中，维纳斯站在一个贝壳上，在荡漾的波浪中随风飘动，眼神中既有困惑，也有对未来的憧憬，整幅画色彩明朗、富有动感。《沉睡的维纳斯》和《维纳斯的诞生》这两幅画体现的理想之美的差异概括了意大利文艺复兴时期两个主要城市米兰和佛罗伦萨的特点和历史。

专制君主们拥有最高权力，所以他们有更多的机会去尝试，邀请其他城市的人与本地学者和艺术家一起工作，带来新的影响。意大利所有重要城市都有自己的大学，为法律学习提供了充足的条件，因为学习法律是通往职业生涯的大门。然而，在修辞学和诗歌这类人文主义学科的创始方面，意大利各个共和国进展缓慢，这两门学科的经济优势也不那么明显。修辞学和诗歌这种新学科在大学的设立，主要是通过一些君主或美第奇家族式的共和国掌权者来实施的。费拉拉是仅次于佛罗伦萨的人文主义研究中心，这是因为在1429年，费拉拉侯爵尼科洛三世·德·埃斯特邀请维罗纳的瓜里诺来教育自己的儿子莱奥内洛·德·埃斯特。维罗纳的瓜里诺曾随曼努埃尔·赫里索洛拉斯在希腊工作过，是那个时代一流的导师。费拉拉的继承人莱奥内洛·德·埃斯特在维罗纳的瓜里诺的教导下成为一名很有成就的学者。在维罗纳的瓜里诺的余生，他一直担任费拉拉大学希腊和拉丁文学教授。来自欧洲各地的学生蜂拥而至，到费拉拉拜维罗纳的瓜里诺为师，其中有一小群英格兰人，包括伍斯特伯爵约翰·蒂普托夫特和来自贝列尔学院的穷学者约翰·弗里。15世纪后期，在乔瓦

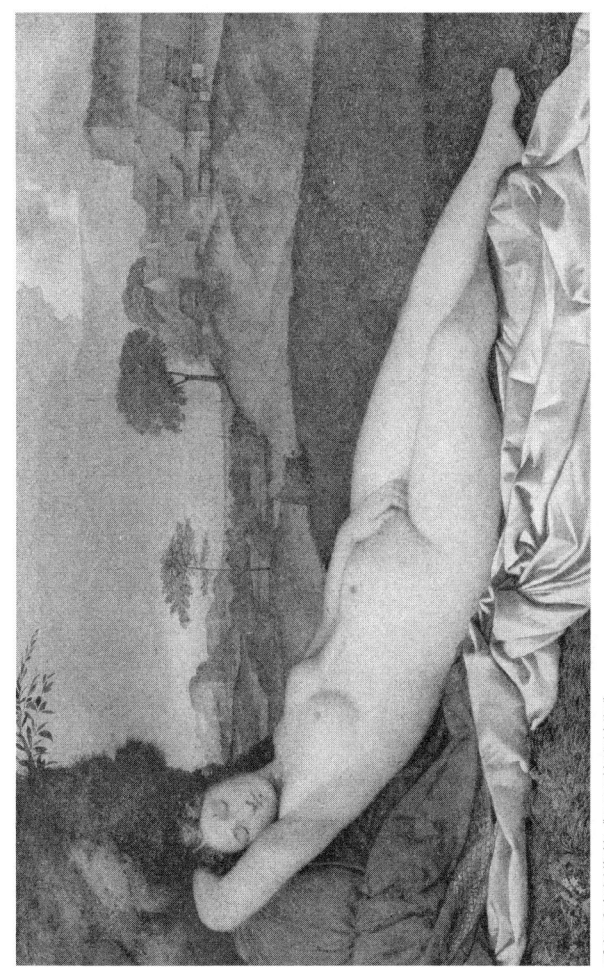

乔尔乔内创作的《沉睡的维纳斯》

尼二世·本蒂沃利奥的赞助下，维罗纳的瓜里诺的一名学生成了博洛尼亚大学法律研究中心修辞学和诗歌学的领袖人物。乔瓦尼二世·本蒂沃利奥希望自己的孩子能够精通"诗歌、演讲和博雅艺术"。因此，一些人文主义学者作为私人教师来到了博洛尼亚，他们同时还在博洛尼亚大学里讲课。曼图亚和乌尔比诺都是小城市，资源匮乏。但因为统治者的修养和其作为雇佣兵领导人积累的财富，这两个城市可以称得上是文艺复兴历史上的名城。曼图亚的贡扎加领主卢多维科三世·贡扎加凭借着自己的私人财富建立了大型宫殿，聘请了众多艺

卢多维科三世·贡扎加

安德烈亚·曼特尼亚

术家来装饰宫殿，其中最著名的艺术家是安德烈亚·曼特尼亚。在亚平宁山脉高处的小城乌尔比诺，军人学者费德里科·达·蒙泰菲尔特罗建造了15世纪最精美的居所，至今仍保存完好。费德里科·达·蒙泰菲尔特罗收藏了大量珍贵的手稿，每一本书都用深红色封面装订，上面有镀银装饰。费德里科·达·蒙泰菲尔特罗的传记作者韦斯帕夏诺·达·比斯蒂奇将费德里科·达·蒙泰菲尔特罗的藏书目录与其他图书馆——梵蒂冈图书馆、佛罗伦萨图书馆、威尼斯图书馆，甚至英格兰牛津大学图书馆的目录进行了比较，发现费德里科·达·蒙泰菲尔特罗的藏书比这些图书馆的都要好。

在米兰公爵卢多维科·斯福尔扎的宫廷里，文艺复兴时期城邦的辉煌达到了顶峰。用当代历史学家贝尔纳迪诺·科里奥的话来说："我们王子的宫廷非常华丽,充满了新时尚、新服装和新乐趣……这里充满了希腊人的学识、拉丁文的诗歌和散文。缪斯们在这里唱歌,雕塑大师和绘画大师在这里工作。"在很大程度上,米兰文艺复兴受到了米兰统治者们的影响。维斯孔蒂时期建造的两座规模宏伟的建筑——米兰大教堂和帕维亚修道院,在斯福尔扎时期几乎没有停工过。米兰的斯福尔扎城堡也是建筑艺术的典范。后来,这三座建

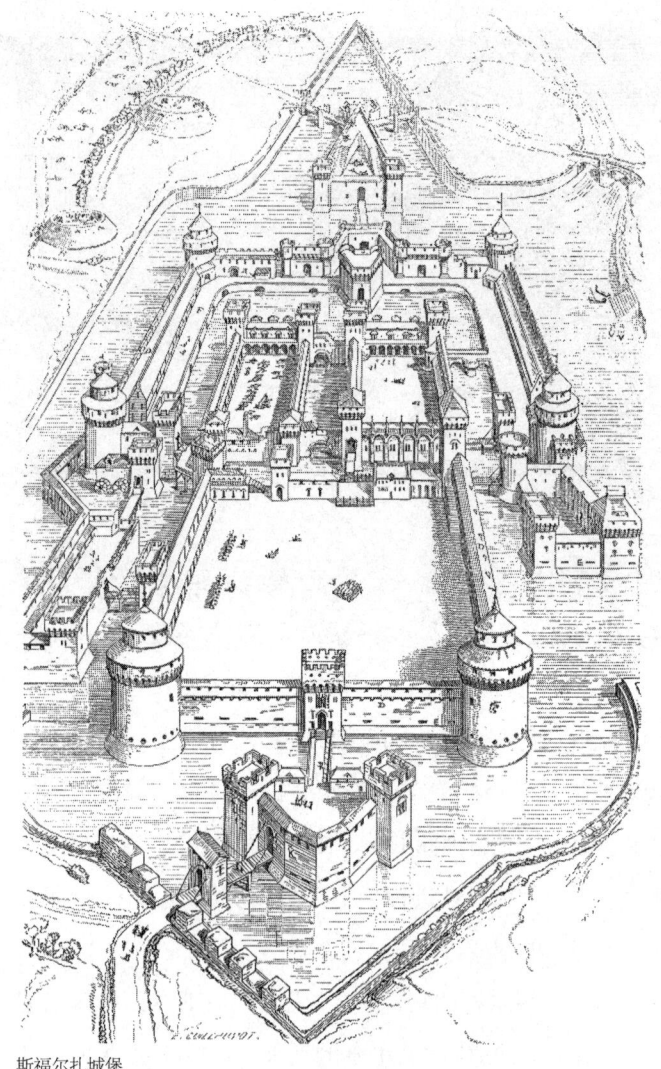

斯福尔扎城堡

多纳托·伯拉孟特

筑都成了学习建筑和雕塑的场所。佛罗伦萨的建筑师费拉雷特和乌尔比诺的建筑师多纳托·伯拉孟特都是由卢多维科·斯福尔扎聘请到米兰的；米兰本土工匠从这些大师身上获得了新的灵感。卢多维科·斯福尔扎吸引了欧洲各地的人才来到他的宫廷，让列奥纳多·达·芬奇为他服务了大约十八年。列奥纳多·达·芬奇受聘为化装舞会设计服装，为比武大赛设计舞台，为斯福尔扎城堡的房间做装饰，为城市规划出谋划策，还制作枪支和桥梁。在参与这些活动的同时，列奥纳多·达·芬奇还创作了许多名画，其中包括《最后的晚餐》和

《岩间圣母》。每一位本土艺术家都开始以列奥纳多·达·芬奇的风格作画。米兰的生活比任何时代、任何地方的生活都要文明和引人注目,但在宫廷和城市日益加深的隔阂中,出现了致命的弱点。卢多维科·斯福尔扎开始把国家视为自己的私人财产,看作自己施展个性的领域,却忽略了很重要的一点,那

列奥纳多·达·芬奇创作的《岩间圣母》

就是要让人民认可他的统治。因此，当米兰宫廷生活放荡成风时，不满和派系斗争开始出现，却被统治者忽略了。掌权者和人民的合作对城邦的稳定至关重要，也是早期文艺复兴的特征，合作的破裂是灾难的前奏。1499年，法兰西军队突袭米兰，目的是让瓦伦丁娜·维斯孔蒂的孙子——路易十二争夺米兰公国，法军由对卢多维科·斯福尔扎心怀不满的米兰人吉安·贾科莫·特里武尔齐奥率领。面对入侵，米兰的抵抗毫无成效。最后，卢多维科·斯福尔扎作为阶下囚在法兰西度过了余生。

意大利的外敌入侵标志着一个时代的结束，一些城邦不再独立。很少有城邦能像过去五十年那样，尽管有一些零星的战争，但仍然能够自由地培养和平的艺术。因此，文艺复兴的早期阶段结束了，接着是以罗马为中心的文艺复兴全盛期，在洛伦佐·德·美第奇之子教皇利奥十世的统治下达到了顶峰。教皇利奥十世的成就是建立在教皇尤里乌斯二世的基础之上的。1503年到1513年，尤里乌斯二世在担任教皇的十年间极力提高自己的权力和威望。为了提高自己的权力和威望，教皇尤里乌斯二世决心把罗马建成一个辉煌的文艺复兴都城。多纳托·伯拉孟特成为教皇的首席建筑师，负责新圣彼得大教堂的最初设计，其他人在此基础上工作。多纳托·伯拉孟特还用柱廊把梵蒂冈宫和被称为观景楼的花园凉亭连接在一起，他被雇来建造新街道，疏浚台伯河，建造和维修整个城市的教堂和宫殿。在多纳托·伯拉孟特的建议下，他的同乡拉斐尔开始着手装饰教皇尤里乌斯二世在梵蒂冈宫的私人寓所。拉斐尔装饰的第一个房间表达了所有形式知识的和谐人文主义信念。在壁画《圣礼之争》中，神学把地上和天上的教会联系起来。《圣礼之争》的正对面是《雅典学院》。《雅典学院》壁画的正中央站立着柏拉图和亚里士多德，一大群哲学家围绕在他们身边。绘有《民法》和《教会法》颁布者的壁画对面是绘有阿波罗和缪斯的壁画，阿波罗和缪斯周围簇拥着各个时代的诗人。因此，就有了代表真与美的四面墙。

米开朗琪罗是为教皇服务的三大才子之一，给西斯廷教堂绘制天顶壁画，为教皇尤里乌斯二世建造旨在使其不朽的巨大的墓。可惜这个墓现在只剩若

《圣礼之争》

《雅典学院》

干残迹。教皇尤里乌斯二世有一些合作者,可谓之幸运,由于教皇尤里乌斯二世的活力和推动力,使一些大事在短时间内得以完成。然而,教皇尤里乌斯二世本人并不是一位艺术鉴赏家。他的继任者教皇利奥十世从小就深受文艺复兴精神的熏陶。在佛罗伦萨度过了青年时期的乔瓦尼·迪·洛伦佐·德·美第奇培养了对学习和艺术感知的热爱。乔瓦尼·迪·洛伦佐·德·美第奇被提升为教皇,给了他一个能够尽情投入爱好的机会。在他担任教皇期间,罗马成了学者和艺术家的天堂。教皇利奥十世选择了两位杰出的拉丁主义学者——雅各布·萨

雅各布·萨多莱托

彼得罗·本博

多莱托和威尼斯人彼得罗·本博——作为他的私人秘书。教皇利奥十世册封的第一批枢机主教包括既是他朋友又曾经当过他家庭教师的贝尔纳多·达维兹·达·毕毕印纳。巴尔达萨雷·卡斯蒂廖尼是乌尔比诺公爵弗朗切斯科·马里亚一世·德拉·罗韦雷在罗马的代表。在主人弗朗切斯科·马里亚一世·德拉·罗韦雷被驱逐出公爵领地后，巴尔达萨雷·卡斯蒂廖尼继续享受着教皇利奥十世的恩宠。在艺术家中，米开朗琪罗和拉斐尔继续积极地工作。列奥纳多·达·芬奇移居到罗马，被安置在观景楼的公寓里。塞巴斯蒂亚诺·德尔·皮

伊尔·索多马

翁博来自威尼斯,伊尔·索多马来自锡耶纳,罗马本土著名艺术家朱利奥·罗马诺是拉斐尔的门徒。诸多地方传统的融合,加上这些艺术家都曾在罗马居住和工作,以及对古代模式的研究,结合形成了最广泛的意大利艺术。

拉斐尔是聚集在教皇利奥十世身边的杰出人物之一。拉斐尔在短暂的一生中受到了意大利所有主要绘画流派的影响,以其强大的接受能力,使这些流派的独特品质成为自己的特色。拉斐尔是人文主义者的挚友,吸收了人文主义的思想并将其呈现在自己的艺术作品中。多纳托·伯拉孟特去世后,拉斐尔被指派负责梵蒂冈圣彼得大教堂的工作,被任命为罗马的文物督察员。在拉斐尔的作品中,尤其是对梵蒂冈长廊的装饰中可以看到他考古研究的成果。拉斐尔的艺术成就是惊人的,作品包括教皇宫廷房间的装饰,西斯廷教堂的挂毯,绘画《西斯廷圣母》,教皇利奥十世与巴尔达萨雷·卡斯蒂廖尼及贝尔纳多·达维兹·达·毕毕印纳和其他主要人文主义者的肖像以及法尔内西纳别墅的装饰。

《西斯廷圣母》

阿戈斯蒂诺·基吉

这座别墅是银行家阿戈斯蒂诺·基吉让人在台伯河岸边修建的。拉斐尔接到了太多订单,他一个人是无法完成的,所以很多工作都是由他弟子来做的。然而,拉斐尔在给一位朋友的信中写道,他计划和尝试的一切都是受到"心中的某种理想"的启发。这是他人生中美好与快乐的理想,他尽力把这种理想展现在绘制的圣母像中,展现在由海豚牵引着、逐浪而行的海神伽拉忒亚上。

教皇利奥十世是那个时代罗马每一项活动的推动者。按照从小养成的习惯,他在履行宗教职责时一丝不苟。在他面前讲道的内容和方式都受到了他的审查，他规定布道时间不得超过一刻钟。教皇唱诗班得以完善，其中许多歌手是从很多国家聘请来的，这在很大程度上要归功于教皇利奥十世对音乐的喜爱。在他的倡议下，新的建筑和艺术作品每天都在为罗马增添光彩。对诗人的赞助、教皇利奥十世出席的学术讨论及图书馆的新设施都给梵蒂冈营造了一种文艺氛围。学者们把作品献给教皇利奥十世，正如教皇利奥十世在一封感谢信中写的那样，这种方式赋予了他永生。教皇利奥十世以同样的热情参加狂欢节活动，包括化装舞会、戏剧和舞蹈。他喜欢白天的狩猎、晚上的纸牌游戏，或是在阿戈斯蒂诺·基吉的别墅露天凉廊举行的宴会。拉斐尔的壁画为宴会增添了魅力。教皇利奥十世是美第奇家族真正的一员，把家人都聚集在身边，为他们的进步不懈努力。教皇利奥十世统治下的罗马像是一个扩大版的、由美第奇家族掌控的佛罗伦萨。在教皇利奥十世那个时代人的眼中，他的统治既受人欢迎又成功。教皇利奥十世的目的是使人高兴，使己愉快。他以出色的外交技巧处理了意大利的外交局势。教皇利奥十世是幸运的，没有看到意大利变成法兰西国王弗朗索瓦一世和神圣罗马帝国皇帝查理五世之间的战场。第二位美第奇教皇克莱门特七世经历了令人恐怖的外国势力入侵。1527年5月，贪婪、狂热的神圣罗马帝国和西班牙士兵对罗马进行了为期三天的掠夺。罗马之劫标志着意大利文艺复兴的结束。列奥纳多·达·芬奇、拉斐尔等当时的一些出色艺术家已经去世好几年了。现在，学者和艺术家都散去了，书籍、手稿、青铜器和其他一些宝物被毁，造成了无法弥补的损失。更重要的是，当意大利人意识到他们在侵略者面前的无助时，幻灭感蔓延开来。人文主义者的信心被击碎了，人类似乎不再是自己命运的主宰，而是被命运捉弄的人。与其他危机时期一样，人们的思想转向宗教，以逃避当前的困境。教皇利奥十世认为已经通过下令焚烧马丁·路德的作品处置了马丁·路德，但马丁·路德关于信仰上帝拯救力量的教导吸引了许多有教养的意大利人，改变了他们的人生观。米开朗琪罗《最后的审判》的主题是上帝的伟大和人类的虚无。米开朗琪罗晚年写的一首诗表明在很大程度上，他对自己创造力的信念屈从于对上帝的信仰。

法兰西国王弗朗索瓦一世

神圣罗马帝国皇帝查理五世

罗马之劫

《最后的审判》

> 绘画和雕塑都无法让灵魂安宁，
>
> 灵魂转向神圣的爱，
>
> 他在十字架上向我们张开双臂。

有一段时间，具有文艺复兴精神的人看似会复兴宗教和改革教会弊端，从而符合时代愿望。但极端分子的暴力和对东正教的恐惧将天主教世界分裂成敌对阵营，镇压代替了和解。在反宗教改革的意大利，像柏拉图学院那样可以发表自由言论的地方已不再被容忍。"异教徒"被烧死，印刷被严格审查。为了端庄，米开朗琪罗《最后的审判》中壮观的裸体群像被添上了遮羞布条。16世纪中叶，西班牙在意大利的统治已经是一个既定事实，西班牙的影响无处不在，所到之处对人们的活力和创造精神形成了威慑。在一些地方，文艺复兴文明一度幸存下来。直到16世纪末，费拉拉才被直接置于教皇的统治之下。诗人卢多维科·阿廖斯托和托尔夸托·塔索分别为费拉拉公爵阿方索一世·德·埃斯特和费拉拉公爵阿方索二世·德·埃斯特效力过。这两位诗人使意大利诗歌达到了至美状态。威尼斯仍然是意大利最自由和最繁荣的地方。被宗教裁判所追捕的学者在威尼斯找到了躲避的地方，继续创作伟大的艺术作品。在其他地方，文艺复兴的精神在西班牙和反宗教改革的双重压力下被粉碎了。即使在佛罗伦萨这样的城市，虽然保留了当地的统治者，但许多古老的自由传统因西班牙僵硬的礼仪和强调阶级而被摧毁。

与此同时，在阿尔卑斯山脉之外，文艺复兴时期的意大利征服了它的征服者。法兰西人回到家乡，按照他们在意大利学到的生活方式重塑自己的生活。弗朗索瓦一世将列奥纳多·达·芬奇带回了法兰西。列奥纳多·达·芬奇作为贵宾在法兰西度过了人生的最后几年。意大利画家被雇佣来装饰枫丹白露宫，在希腊和其他人文主义研究中设立了皇家讲师制度。弗朗索瓦一世的目标是通过培养自己的多种才能，成为文艺复兴时期君主的典范。在意大利最活跃的法兰西人中有枢机主教乔治斯·德·昂布瓦斯和哥哥埃梅里·德·昂布瓦斯。他们住在诺曼底的盖隆城堡，盖隆城堡是法兰西建筑转型的典范之一。这种转型是因为意大利的装饰使本土石匠大师的作品更加明朗和丰富。意大利的影响渗透到了英格兰，部分是通过法兰西渠道，更多的是通过英格兰到意大利的游客渗透的。托马斯·利纳克尔是一位全面的人文主义者，受到了佛罗伦萨文艺复兴的直接影响，在各个领域都有成就。他学习经典著作的指导者是安杰洛·波利齐亚诺。后来，托马斯·利纳克尔把自己翻译的盖伦的一些著作献给了教皇利奥十世，以纪念自己和教皇利奥十世在佛罗伦萨共同进行的医学研究。托马斯·利纳克尔的学生约翰·科利特也去了佛罗伦萨。约翰·科利特的教育理想和他关于圣保罗书信的演讲都带有马尔西利奥·费奇诺的影响。除了英格兰人在意大利和意大利人在英格兰起的作用，意大利文化的传播还跟意大利印刷术的进步息息相关，印刷术的进步使意大利的书籍得以迅速流通。巴尔达萨雷·卡斯蒂廖尼的《朝臣》在威尼斯阿尔丁出版社出版两年之后，在英格兰也广为人知。1530年，《朝臣》英译本的作者托马斯·霍比出生了。许多受过教育的英格兰人，包括政治家和学者，既会读也会说意大利语。在宗教改革时期，许多人谴责意大利人道德败坏。《论教师》的作者罗杰·阿斯卡姆的结论是，"以前在英格兰王国闻所未闻的大量新麻烦"来自意大利。尽管如此，在学术和艺术方面，意大利仍然是富有吸引力的。

  意大利文艺复兴是意大利过去的成就，代表了一种新的人生观，这种人生观对整个文明世界都产生了影响。对人的尊严、力量和创造新的认知，对作为人类征服领域的新兴趣，都体现在人们高涨的热情中。这种热情在都铎王朝统治下的英格兰不亚于15世纪的佛罗伦萨。事物的发展使人们认识到人的不可靠性，那些相信自己已经找到了解决人生问题办法的人的崇高希望被粗暴地击碎了。然而，人们的信念没有消失，仍然有很强的冒险动力，人文主义影响广泛传播，学习被当成人生必备能力。学者不再是一种与众不同、只顾埋头于自己研究、连出身低微的人都瞧不上的人。人们认为军人政治家应该接受古典教育，即无论是写作还是与人交谈，都应该令人信服，要懂音乐，能够理解和欣

卢多维科·阿廖斯托

托尔夸托·塔索

费拉拉公爵阿方索一世·德·埃斯特

费拉拉公爵阿方索二世·德·埃斯特

赏视觉艺术。对军人政治家来说，这种教育是适当的，甚至是必要的。在文艺复兴的所有成果中，也许最持久的是对美的崇拜。美，无论是在自然、艺术，还是在家庭生活的附属品中，都受到前所未有的尊崇。16世纪和17世纪，在英格兰王国豪宅的庭院中建立的花园凉亭是文艺复兴时期柏拉图式理想宴会的产物。在这种宴会中，在优美的环境里，精美的食物和葡萄酒都是用优美的器皿盛放，宴会的目的是激励人们进行哲学讨论。美感是意大利文艺复兴的灵魂。

译名对照表

A Council of Seventy	十七人委员会
Abbey of Passignano	帕西尼亚诺修道院
Accoppiatori	选举官
Adoration of the Magi	三博士朝圣
Aeneid	《埃涅阿斯纪》
Agnus Dei	《羔羊颂》
Agostino Chigi	阿戈斯蒂诺·基吉
Alamanno Rinuccini	阿拉曼诺·里努奇尼
Aldine Press	阿尔丁出版社
Alessandro Sforza	亚历山德罗·斯福尔扎
Alexander VI	亚历山大六世
Alfeo	阿尔费奥
Alfonsina Orsini	阿方西娜·奥尔西尼
Alfonso I d'Este	阿方索一世·德·埃斯特
Alfonso II d'Este	阿方索二世·德·埃斯特
Alfonso II of Naples	那不勒斯国王阿方索二世
Alfonso of Calabria	卡拉布里亚公爵阿方索
Alfonso V	阿方索五世
Altercazione	《争辩》
Ambra	《安布拉》
Ambrosian Republic	安布罗斯共和国
Andrea del Sarto	安德烈亚·德尔·萨尔托
Andrea del Verrocchio	安德烈亚·德尔·委罗基奥

Andrea Mantegna	安德烈亚·曼特尼亚
Andrea Pisano	安德烈亚·皮萨诺
Andrew of Carniola	卡尔尼奥拉的安德鲁
Angelo Acciaiuoli	安杰洛·阿恰约利
Angelo Poliziano	安杰洛·波利齐亚诺
Anguillara	安圭拉腊
Anne de Beaujeu	安妮·德·博热
Annibale I Bentivoglio	安尼巴莱一世·本蒂沃利奥
Antonio degli Agli	安东尼奥·德利·阿利
Antonio del Pollaiuolo	安东尼奥·德尔·波拉约洛
Antonio Squarcialupi	安东尼奥·斯夸尔恰卢皮
Apennines	亚平宁山脉
Apollo e Pan	《阿波罗和潘》
Apology	《申辩》
Apulian	阿普利亚
Aragon	阿拉贡
Arezzo	阿雷佐
Arno	阿尔诺
Arnolfo di Cambio	阿诺尔福·迪·坎比奥
Arte dei Medici e Speziali	医药香料行会
Arte del Cambio	金融行会
Arte della Lana	羊毛行会
Arte di Calimala	洗染行会
As You Like It	《皆大欢喜》
Ascension	耶稣升天日
Ascoli	阿斯科利
Astorre III Manfredi	阿斯托雷三世·曼弗雷迪
Audrey	奥德丽
Avignon	阿维尼翁
Badia of Fiesole	菲耶索莱的巴迪亚
Baldaccio d'Anghiari	巴尔奇·德安吉亚里
Baldassare Castiglione	巴尔达萨雷·卡斯蒂利奥内

Balia	巴利亚
Balliol	贝列尔
Banco	银行
Bank of St. George	圣乔治银行
Baptism of Christ	《耶稣受洗》
Barcelona	巴塞罗那
Bargello del Contado	巴杰罗·德尔·孔塔多
Bari	巴里
Baron's War	王爵战争
Bartolino	巴尔托利诺
Bartolomea dei Nasi	巴尔托洛梅亚·德·纳西
Bartolommeo Colleoni	巴尔托罗梅奥·科莱奥尼
Basel	巴塞尔
Basilica di San Lorenzo	圣洛伦佐大教堂
Baton	节杖
Battle of Anghiari	安吉亚里战役
Battle of the Garigliano	加里利亚诺战役
Beatrice Borromeo	贝亚特里切·博罗梅奥
Beatrice d'Este	贝亚特里切·德斯特
Beatrice Portinari	贝亚特里切·波尔蒂纳里
Belvedere	观景楼
Benedetto da Maiano	贝内代托·达·马亚诺
Benedetto Riccobaldi	贝内代托·里科巴尔迪
Benozzo Gozzoli	贝诺佐·戈佐利
Bergamo	贝加莫
Bernard Berenson	伯纳德·贝伦森
Bernardino Corio	贝尔纳迪诺·科里奥
Bernardo Bandini Baroncelli	贝尔纳多·班迪尼·巴龙切利
Bernardo del Nero	贝尔纳多·德尔·内罗
Bernardo Dovizi	贝尔纳多·达维兹
Bernardo Giambullari	贝尔纳多·詹布拉里
Bernardo Michelozzi	贝尔纳多·米凯洛齐

Bernardo Nardi	贝尔纳多·纳尔迪
Bernardo Rucellai	贝尔纳多·鲁切拉伊
Bessarion	贝萨里翁
Bianca dei Medici	比安卡·德·美第奇
Bianca Maria Visconti	比安卡·玛丽亚·维斯孔蒂
Bibbiena	比别纳镇
Biblioteca Marciana	马尔恰那图书馆
Birth of the Virgin	《圣母的诞生》
Black Bands	黑衣军
Black party	黑党
Boethius	波爱修斯
Bologna	博洛尼亚
Bona of Savoy	萨伏依的博纳
Book of Hours	《祈祷书》
Borso d'Este	博尔索·德·埃斯特
Bracciano	布拉恰诺
Brescia	布雷西亚
Bruges	布鲁日
Cafaggiolo	卡法吉奥罗
Campomorto	坎波莫托
Canon Law	教会法
Canti Carnascialeschi	《狂欢节之歌》
Canzoni a Ballo	《欢快的舞曲》
Canzoniere	抒情诗
Careggi	卡雷吉
Carlo del Benoni	卡洛·德尔·贝诺尼
Casentino	卡森迪诺
Castello Sforzesco	斯福尔扎城堡
Catasto	所得税
Caterina Sforza	卡特琳娜·斯福尔扎
Cavalcanti	卡瓦尔坎蒂
Certosa	切尔托萨

Certosa of Pavia	帕维亚修道院
Cervia	切尔维亚
Cesare Borgia	切萨雷·博尔贾
Cesare Petrucci	切萨雷·彼得鲁奇
Chamberlain	侍从
Charles Homer Haskins	查尔斯·霍默·哈斯金斯
Charles I	查理一世
Charles the Bold	大胆查理
Charles V	查理五世
Chateau of Gaillon	盖隆城堡
Chiana	基亚纳
Christian I	克里斯蒂安一世
Christofano Spini	克里斯托法诺·斯皮尼
Church of Santa Maria del Carmine	卡尔米内圣母大教堂
Church of Santa Maria Novella	圣母玛利亚教堂
Cicco Simonetta	奇科·西莫内塔
Cicero	西塞罗
Cimabu	契马布埃
Cino da Pistoia	奇诺·达·皮斯托亚
Citta di Castello	卡斯泰河洛城
Clarice Orsini	克拉丽丝·奥尔西尼
Clement VII	克莱门特七世
Colle	科莱
College	教士团
Colona	科洛纳
Comento sopra alcuni dei suoi sonetti	《我的十四行诗注解》
Company of St.John the Evangelist	福音传道者圣约翰公司
Comte de Campobasso	科姆特·德·坎波巴索
Conclusions	《结论》
Confraternity of San Paolo	圣保罗兄弟会
Congress of Mantua	曼图亚大会
Consiglio del Comune	市议会

Consiglio del Popolo	平民议会
Consolations	《哲学的慰藉》
Constantina	康斯坦丁娜
Constantine the Great	君士坦丁大帝
Constantinople	君士坦丁堡
Consul	执政官
Contessina dei Bardi	孔泰西纳·德·巴尔迪
Contessina dei Medici	孔泰西纳·德·美第奇
Convent of Sant'Antonio	圣安东尼奥修道院
Convent of St.Marco	圣马可修道院
Corin	柯林
Corinto	《科林斯》
Cosimino dei Medici	科西米诺·德·美第奇
Cosimo dei Medici	科西莫·德·美第奇
Cosimo I dei Medici	科西莫一世·德·美第奇
Costanzo I Sforza	科斯坦佐一世·斯福尔扎
Cotswolds	科茨沃尔德
Council of a Hundred	百人委员会
Counts of Tuscany	托斯卡纳伯爵
Cremona	克雷莫纳
Cristoforo Landino	克里斯托福罗·兰迪诺
Cristoforo Moro	克里斯托福罗·莫罗
Dacia	达契亚
Dante Alighieri	但丁·阿利吉耶里
De Christiana Religione	《基督教信仰》
De Monarchia	《君主国》
De summo bono	《至善》
Decima Scalata	累进税
Della Giostra di Giuliano dei Medici	《比武篇》
Diana	戴安娜
Dianora Tornabuoni	蒂儿娜拉·托尔纳博尼
Dino Campagni	迪诺·坎帕尼

Diomede Carafa	迪奥梅德·卡拉法
Diotisalvi Neroni	迪奥蒂萨尔维·内罗尼
Discorsi	《论李维》
Discretionary powers	自由决定权
Disputa	《圣礼之争》
Disputationes Camaldulenses	《同志会辩论》
Divina Commedia	《神曲》
Dodici Procuratori	十二行政长官团
Domenico Burchiello	多梅尼科·布尔基耶洛
Domenico Ghirlandaio	多梅尼科·基尔兰达约
Dominican	多明我会
Donatello	多纳泰洛
Donato Acciaiuoli	多纳托·阿恰约利
Donato Benci	多纳托·本奇
Donato Bramante	多纳托·伯拉孟特
Dovizi	达维兹
Ducat	达克特
Duchy of Athens	雅典公国
Duke of Lorraine	洛林公爵
Earl of Warwick	沃里克伯爵
Edward IV	爱德华四世
Elizabeth Stockton	伊丽莎白·斯托克顿
Emery d'Amboise	埃梅里·德·昂布瓦斯
Epistle	《使徒书信》
Ercole I d'Este	埃尔科莱一世·德·埃斯特
Eremo	俄勒莫
Faenza	法恩扎
Farthing	法寻
Feast of St.John	圣约翰节
Federico da Montefeltro	费德里科·达·蒙泰菲尔特罗
Ferdinand I	斐迪南一世
Ferdinand II of Aragon	阿拉贡国王斐迪南二世

Filarete	费拉雷特
Filippino Lippi	菲利皮诺·里皮
Filippo Brunelleschi	菲利波·布鲁内莱斯基
Filippo dei Medici	菲利波·德·美第奇
Filippo Maria Visconti	菲利波·马里亚·维斯孔蒂
Flavius Claudius Constantinus	弗拉维斯·克劳迪斯·康斯坦丁
Florin	弗罗林
Fontainebleau	枫丹白露宫
Forli	弗利
Foundling Hospital of the Innocenti	佛罗伦萨孤儿院
Fra Angelico	弗拉·安吉利科
Francesca	弗朗切斯科
Fra Filippo	弗拉·菲利波
Fra Silvestro	弗拉·西尔韦斯特罗
Francesca Bentivoglio	弗朗切斯卡·本蒂沃利奥
Franceschetto Cybo	弗兰切斯凯托·奇博
Francesco Cortugi	弗朗切斯科·科尔图蒂
Francesco dei Guidi	弗朗切斯科·德·圭迪
Francesco della Rovere	弗朗切斯科·德拉·罗韦雷
Francesco Guicciardini	弗朗切斯科·圭恰迪尼
Francesco Maria I della Rovere	弗朗切斯科·马里亚一世·德拉·罗韦雷
Francesco Salviati Riario	弗朗切斯科·萨尔维亚蒂·里亚里奥
Francesco Sassetti	弗朗切斯科·萨塞蒂
Francesco Sforza	弗朗切斯科·斯福尔扎
Francesco Todeschini Piccolomini	弗朗切斯科·托代斯基尼·皮科洛米尼
Francesco Tornabuoni	弗朗切斯科·托尔纳博尼
Francesco Valori	弗朗切斯科·瓦洛里
Francis I	弗朗索瓦一世
Franciscan Church of Santa Croce	圣十字圣殿
Franciscans	方济各会
Frederick II	腓特烈二世
Frederick III	腓特烈三世

Frederick of Aragon	阿拉贡的弗雷德里克
Galatea	伽拉忒亚
Galeazzo Maria Sforza	加莱亚佐·马里亚·斯福尔扎
Galeotto Manfredi	加莱奥托·曼弗雷迪
Gallicano	加里卡诺
General Council	宗教会议
Geneva	日内瓦
Gentile Bellini	真蒂莱·贝利尼
Gentile dei Becchi	真蒂莱·德·贝基
Georges d'Amboise	乔治斯·德·昂布瓦斯
Ghent	根特
Gherardo Canigiani	盖拉尔多·卡尼贾尼
Gian Battista da Montesecco	吉安·巴蒂斯塔·达·蒙泰赛科
Gian Galeazzo Visconti	吉安·加莱亚佐·维斯孔蒂
Gian Giacomo Trivulzio	吉安·贾科莫·特里武尔齐奥
Gierozzo dei Pigli	吉罗佐·德·皮格利
Gigi	吉吉
Ginerva Sforza	吉尼弗拉·斯福尔扎
Gino Capponi	吉诺·卡波尼
Giorgio Vasari	乔尔乔·瓦萨里
Giorgione	乔尔乔内
Giotto	乔托
Giotto's Campanile	乔托钟楼
Giovani	次级管理人
Giovanna degli Albizzi	焦万纳·德利·阿尔比奇
Giovanna di Montefeltro	焦万纳·迪·蒙泰菲尔特罗
Giovanni Battista Cibo	乔瓦尼·巴蒂斯塔·奇博
Giovanni Battista Frescobaldi	乔瓦尼·巴蒂斯塔·弗雷斯科巴尔迪
Giovanni Bellinil	乔瓦尼·贝利尼
Giovanni Benci	乔瓦尼·本奇
Giovanni Boccaccio	乔瓦尼·薄伽丘
Giovanni Borromeo	乔瓦尼·博罗梅奥

Giovanni della Rovere	乔瓦尼·德拉·罗韦雷
Giovanni delle Bande Nere	乔瓦尼·达勒·班德·内雷
Giovanni di Bicci dei Medici	乔瓦尼·迪·比奇·德·美第奇
Giovanni di Cosimo dei Medici	乔瓦尼·迪·科西莫·德·美第奇
Giovanni di Lorenzo dei Medici	乔瓦尼·迪·洛伦佐·德·美第奇
Giovanni di Paolo Rucellai	乔瓦尼·迪·保罗·鲁切拉伊
Giovanni di Pierfrancesco dei Medici	乔瓦尼·迪·皮耶尔弗朗切斯科·德·美第奇
Giovanni II Bentivoglio	乔瓦尼二世·本蒂沃利奥
Giovanni il Popolano	平民乔瓦尼
Giovanni Lami	乔瓦尼·拉米
Giovanni Lascaris	乔瓦尼·拉斯卡里斯
Giovanni Neroni	乔瓦尼·内罗尼
Giovanni Pico della Mirandola	乔瓦尼·皮科·德拉·米兰多拉
Giovanni Tornabuoni	乔瓦尼·托尔纳博尼
Giovinezza	《青年》
Girolamo Cinozzi	吉罗拉莫·奇诺齐
Girolamo Riario	吉罗拉莫·里亚里奥
Girolamo Savonarola	吉罗拉莫·萨沃纳罗拉
Giuliano da Sangallo	朱利亚诺·达·圣加罗
Giuliano dei Medici	朱利亚诺·德·美第奇
Giuliano della Rovere	朱利亚诺·德拉·罗韦雷
Giuliano di Lorenzo dei Medici	朱利亚诺·迪·洛伦佐·德·美第奇
Giulio di Giuliano dei Medic	朱利奥·迪·朱利亚诺·德·美第奇
Giulio Romano	朱利奥·罗马诺
Gobelin tapestries	棉织画
Gonfaloniere di Giustizia	正义旗手
Gonzaga lords of Mantua	米兰和曼图亚的贡扎加公爵们
Gospels	《福音书》
Great Western Schism	西方教会大分裂
Guarino da Verona	维罗纳的瓜里诺
Guglielmo dei Pazzi	古列尔莫·德·帕齐
Guido Cavalcanti	圭多·卡瓦尔康蒂

Guido Guinizelli	圭多·圭尼泽利
Henry VI	亨利六世
Herbert Percy Horne	赫伯特·珀西·霍恩
Holy League	神圣同盟
House of Anjou	安茹王朝
I Amori di Venere e Marte	《金星和火星之爱》
I Beoni	《酒徒》
Iacopo Orsini	雅各布·奥尔西尼
Il Sodoma	伊尔·索多马
Imola	伊莫拉
Inspector of antiquities	文物督察员
Ippolita Maria Sforza	伊波利塔·马里亚·斯福尔扎
Isabella	伊莎贝拉
Isabella I of Castile	卡斯蒂尔女王伊莎贝拉一世
Isabella of Aragon	阿拉贡的伊莎贝拉
Isonzo	伊松佐河
Isthmus of Corinth	科林斯地峡
Italian Renaissance	意大利文艺复兴
Jacopo dei Alessandri	雅各布·德·亚历山德里
Jacopo dei Pazzi	雅各布·德·帕齐
Jacopo I da Carrara	雅各布一世·达·卡拉拉
Jacopo Piccinino	雅各布·皮奇尼诺
Jacopo Sadoleto	雅各布·萨多莱托
Jacopo Salviati	雅各布·萨尔维亚蒂
John Argyropulos	约翰·阿尔吉罗波洛斯
John Colet	约翰·科利特
John Free	约翰·弗里
John Kemp	约翰·坎普
John Tiptoft	约翰·蒂普托夫特
Jove	朱庇特
Julian the Apostate	叛教者尤利安
Justin	查士丁

La Caccia con Falcone	《鹰猎》
La Congiura dei Pazzi	《帕齐阴谋》
La Cura della Famiglia	《论家庭》
La Giostra di Lorenzo dei Medici	《马上比武的洛伦佐·德·美第奇》
La Nencia di Barberina	《巴尔贝利诺的南恰》
La Rappresentazione di San Giovanni e Paolo	《圣约翰和圣保罗的故事》
Lady Day	天使报喜节
Lanfredini	兰弗雷迪尼
Last Judgment	《最后的审判》
Last Supper	《最后的晚餐》
Latino Orsini	拉蒂诺·奥尔西尼
Laudi	《颂歌》
Laura	劳拉
Laurentian Library	洛伦佐图书馆
Lauro	劳罗
Lent	大斋节
Leon Battista Alberti	莱昂·巴蒂斯塔·阿尔伯蒂
Leonardo Bruni	列奥纳多·布鲁尼
Leonardo da Vinci	列奥纳多·达·芬奇
Leonello d'Este	莱奥内洛·德·埃斯特
Leonetto de Rossi	莱昂纳托·德·罗西
Leonora of Aragon	阿拉贡的莱昂诺拉
Levant	黎凡特
Livorno	里窝那
Lodi	洛迪
Lodovico Sforza	卢多维科·斯福尔扎
Lombardy	伦巴第
Lorenzo dei Medici	洛伦佐·德·美第奇
Lorenzo di Pierfrancesco dei Medici	洛伦佐·迪·皮耶尔弗朗切斯科·德·美第奇
Lorenzo di Piero dei Medici	洛伦佐·迪·皮耶罗·德·美第奇
Lorenzo Ghiberti	洛伦佐·吉贝尔蒂
Lorenzo Giustini	洛伦佐·朱斯蒂尼

Lorenzo the Elder	老洛伦佐
Lorenzo Tornabuoni	洛伦佐·托尔纳博尼
Lorenzo Valla	洛伦佐·瓦拉
Louis II	路易二世
Louis XI	路易十一
Louis XII	路易十二
Lübeck	吕贝克
Luca Landucci	卢卡·兰杜奇
Lucca	卢卡
Lucrezia d'Este	卢克雷齐娅·德·埃斯特
Lucrezia dei Medici	卢克雷齐娅·德·美第奇
Lucrezia Donati	卢克雷齐娅·多纳蒂
Lucrezia Tornabuoni	卢克雷齐娅·托尔纳博尼
Ludovico Ariosto	卢多维科·阿廖斯托
Ludovico III Gonzaga	卢多维科三世·贡扎加
Luigi Pulci	路易吉·浦尔契
Luisa dei Medici	路易莎·德·美第奇
Lunigiana	卢尼贾纳
Lyons	里昂
Maddalena dei Medici	玛达莱娜·德·美第奇
Madonna di San Sisto	《西斯廷圣母》
Magnifico Lorenzo	伟大的洛伦佐
Mahomet II	穆罕默德二世
Malatesta	马拉泰斯塔
Malvezzi	马尔韦齐
Manfredi	曼弗雷迪
Manuel Chrysoloras	曼努埃尔·赫里索洛拉斯
Marchettiz	马尔凯蒂
Marco Barbo	马尔科·巴尔博
Marco Vespucci	马尔科·韦斯普奇
Maria di Piero dei Medici	玛利亚·迪·皮耶罗·德·美第奇
Mariotto Allegri	马里奥托·阿莱格里

Marsilio Ficino	马尔西利奥·费奇诺
Martin Luther	马丁·路德
Martino da Comedia	马蒂诺·达·科梅迪亚
Mary of Burgundy	勃艮第的玛丽
Masaccio	马萨乔
Maso degli Albizzi	马索·德利·阿尔比齐
Matteo Franco	马泰奥·佛朗哥
Matteo Strozzi	马泰奥·斯特罗齐
Maximilian	马克西米利安
Medici farms	美第奇农场
Meloria	梅洛里亚岛
Mémoires	《回忆录》
Metamorphoses	《变形记》
Mezzeria system	分成制
Michelangelo	米开朗琪罗
Michelozzo	米开罗佐
Midas	迈达斯
Minister of finance	财政大臣
Minor orders	低级神品
Modena	摩德纳
Molinella	莫利内拉
Monastery of Camaldoli	卡马尔多利修道院
Monte Cassino	卡西诺山
Monte Comune	公社公债
Monte delle Dote	嫁妆基金
Montepulciano	蒙特普尔恰诺
Monterotondo	蒙特罗通多
Montorio	蒙托里奥
Morba	莫尔巴
Morgante	《巨人莫尔甘特》
Mugello	穆杰罗
Naples	那不勒斯

Napoleone Francesi	纳波莱奥内·弗兰切西
Negropont	内格罗蓬特
Nencia	南恰
Neri Capponi	内里·卡波尼
Niccolò de' Niccoli	尼科洛·德·尼科利
Niccolò di Pitigliano	尼科洛·迪·皮蒂利亚诺
Niccolò III d' Este	尼科洛三世·德·埃斯特
Niccolò Machiavelli	尼科洛·马基雅维利
Niccolò Ridolfi	尼科洛·里多尔菲
Niccolò Soderini	尼科洛·索代里尼
Niccolò Vitelli	尼科洛·维泰利
Ombrone	翁布罗内河
Opus Dei	侍奉天主
Ordelaffi	奥德拉弗
Orlando	奥兰多
Ortolan	蒿雀
Otranto	奥特朗托
Ottava	八行体
Ottaviano Riario	奥塔维亚诺·里亚里奥
Otto di Balia	司法部
Otto di Pratica	八人外交军事事务团
Outdoor Poetry	户外诗歌
Ovid	奥维德
Pacifico Burlamacchi	帕奇菲科·布拉马奇
Palazzo Pubblico	市政厅
Palazzo Vecchio	维奇奥宫
Panciaticchi	潘恰蒂基
Paolo Inghirami	保罗·因吉拉米
Paolo Veronese	保罗·委罗内塞
Pater Patriae	国父
Patron	赞助人
Pazzi	帕齐

Peace of Bagnolo	《巴尼奥洛和约》
Perugia	佩鲁贾
Pesaro	佩萨罗
Philippe de Commynes	菲利普·德·科明尼斯
Piazza del Duomo	大教堂广场
Piazza of Santa Croce	圣克罗切广场
Pierfrancesco the Elder	老皮耶尔弗朗切斯科
Piero Acciaiuoli	皮耶罗·阿恰约利
Piero da Bibbiena	皮耶罗·达·比别纳
Piero di Iacopo Guicciardini	皮耶罗·迪·雅各布·圭恰迪尼
Piero di Lorenzo dei Medici	皮耶罗·迪·洛伦佐·德·美第奇
Piero Guicciardini	皮耶罗·圭恰迪尼
Piero il Gottoso	痛风者皮耶罗
Piero Ridolfi	皮耶罗·里多尔菲
Piero Soderini	皮耶罗·索代里尼
Pietro Alamanni	彼得罗·阿拉曼尼
Pietro Barbo	伯多禄·巴尔博
Pietro Bembo	彼得罗·本博
Pietro Perugino	彼得罗·佩鲁吉诺
Pietro Riario	彼得罗·里亚里奥
Pigello Portinari	皮格洛·波尔蒂纳里
Pintoricchio	平托瑞丘
Pisa	比萨
Pistoia	皮斯托亚
Pitti Palace	皮蒂宫
Po	波河
Podest	行政长官
Poggio a Caiano	波焦阿卡伊阿诺镇
Poggio Imperiale	波焦因佩里亚莱
Polesella	波莱塞拉
Ponte a Rifredi	里弗雷迪桥
Pontine marshes	彭甸沼地

Pope Honorius III	教皇和诺理三世
Pope Innocent VIII	教皇英诺森八世
Pope Julius II	教皇尤里乌斯二世
Pope Leo X	教皇利奥十世
Pope Martin V	教皇马丁五世
Pope Paul II	教皇保罗二世
Pope Pius II	教皇庇护二世
Pope Sixtus IV	教皇西斯笃四世
Popolo Grasso	肥人
Popolo Minuto	瘦人
Poppi	波皮
Porrett	波雷塔
Prato	普拉托
Primavera	《春》
Prince	《君主论》
Procession of the Magi	《麦琪之旅》
Protonotary Apostolic	最高书记
Psalter	《圣咏集》
Purgatory	炼狱
Qaitbay	卡特巴
Querceto	库尔切托
Rafaello Riario	拉法埃拉·里亚里奥
Raphael	拉斐尔
Ravenna	拉韦纳
Renato dei Pazzi	雷纳托·德·帕齐
René II	勒内二世
René of Anjou	安茹的勒内
Rhodes	罗得岛
Richard Neville	理查德·内维尔
Rima	六行体
Rimini	里米尼
Rinaldo	里纳尔多

Rinaldo degli Albizzi	里纳尔多·德利·阿尔比齐
Rinaldo Orsini	里纳尔多·奥尔西尼
Rising of the Ciompi	梳毛工起义
Robert Browning	罗伯特·勃朗宁
Roberto da Sanseverino	罗伯托·达·圣塞韦里诺
Roberto Malatesta	罗伯托·马拉泰斯塔
Roberto Ridolfi	罗伯托·里多尔菲
Roger Ascham	罗杰·阿斯卡姆
Romagna	罗马涅
Roman Republic	罗马共和国
Rossi	罗西
Rovigo	罗维戈
Rucellai	鲁切拉伊
Salvestro dei Medici	萨尔维斯特罗·德·美第奇
San Giovanni	圣乔瓦尼
San Miniato Tedesco	圣米尼亚托泰代斯科
San Romualdo	圣罗穆亚尔德
Sandro Botticelli	桑德罗·波提切利
Sansoni	桑索尼
Santa Croce	圣十字教堂
Santa Trinità	圣三一教堂
Sante Bentivoglio	圣本蒂沃利奥
Santo Spirito	圣灵教堂
Santo Stefano	圣斯特凡诺教堂
Saracens	撒拉逊人
Sardinia	撒丁岛
Sarzana	萨尔扎纳
Sarzanella	萨尔扎尼拉
Sassetti Chapel	萨塞蒂小教堂
Scholemaster	《论教师》
School of Athens	《雅典学院》
Scoppio del Carro	马车爆炸节

Sebastiano del Piombo	塞巴斯蒂亚诺·德尔·皮翁博
Selve d'Amore	《林爱》
Ser Piero Leoni	赛尔·皮耶罗·莱奥尼
Seven Liberal Arts	博雅七艺
Siena	锡耶纳
Sigismondo Pandolfo Malatesta	西吉斯蒙多·潘多尔福·马拉泰斯塔
Signoria	执政团
Silvae	《希尔瓦》
Simonetta Vespucci	西莫内塔·韦斯普奇
Sinigaglia	西尼加利亚
Sistine Chapel	西斯廷教堂
Slavonia	斯洛沃尼亚
Sleeping Venus	《沉睡的维纳斯》
Special commission on finance	财政特别委员会
Spedaletto	斯佩达莱托
St.Agnes	圣艾格尼丝
St.Mercuri	圣墨丘利
St.Peter	圣彼得
Statius	斯塔提乌斯
Storia Fiorentina	《佛罗伦萨编年史》
Sweet new style	温柔新体
Symposium	《会饮篇》
Taddeo Manfredi	塔代奥·曼弗雷迪
Ten of War	十人战争委员会
Terza	三行体
The Book of the Courtier	《廷臣论》
The Grand Council	大元老院
The Life of Lorenzo de' Medici	《洛伦佐·德·美第奇传》
The Principe	《君主论》
The Ring and the Book	《环与书》
Theologia Platonica	《柏拉图神学》
Thomas Hoby	托马斯·霍比

Thomas Kempe	托马斯·坎普
Thomas Linacre	托马斯·利纳克尔
Three Graces	美惠三女神
Titian	提香
Tommaso Portinari	托马索·波尔蒂纳里
Tommaso Soderini	托马索·索代里尼
Torquato Tasso	托尔夸托·塔索
Trionfo di Bacco e Arianna	《酒神之歌》
Tudor	都铎王朝
Uffizi Gallery	乌菲齐美术馆
Umbria	翁布里亚
Umbrian school	翁布里亚画派
University of Bologna	博洛尼亚大学
Uppper Church at Assisi	阿西西上教堂
Val Lamone	拉莫内河谷
Valencia	瓦伦西亚
Valentina Visconti	瓦伦丁娜·维斯孔蒂
Vallera	瓦莱拉
Venetian Council of Ten	十人委员会
Vernaccia	维奈西卡
Vernon Lee	弗农·李
Vespasiano da Bisticci	韦斯帕夏诺·达·比斯蒂奇
Via della Nuova Vigna	新维尼亚路
Via Larga	拉尔加街
Villa at Montevecchio	蒙特韦基奥别墅
Villa Farnesina	法尔内西纳别墅
Villa Lemmi	莱米别墅
Virgil	维吉尔